你可以哭，但不能怂

初小轨 著

江苏凤凰文艺出版社
JIANGSU PHOENIX LITERATURE AND ART PUBLISHING, LTD

图书在版编目（CIP）数据

你可以哭，但不能怂 / 初小轨著. --南京：江苏凤凰文艺出版社, 2017.11
ISBN 978-7-5594-0941-6

Ⅰ. ①你… Ⅱ. ①初… Ⅲ. ①散文集－中国－当代 Ⅳ. ①I267

中国版本图书馆CIP数据核字（2017）第187405号

书　　名	你可以哭，但不能怂
作　　者	初小轨
责任编辑	邹晓燕　黄孝阳
出版发行	凤凰出版传媒股份有限公司 江苏凤凰文艺出版社
出版社地址	南京市中央路 165 号，邮编：210009
出版社网址	http://www.jswenyi.com
发　　行	北京时代华语国际传媒股份有限公司　010-83670231
经　　销	凤凰出版传媒股份有限公司
印　　刷	三河市宏图印务有限公司
开　　本	880×1230 毫米　1/32
印　　张	9.5
字　　数	150 千字
版　　次	2017 年 11 月第 1 版　2018 年 5 月第 2 次印刷
标准书号	ISBN 978-7-5594-0941-6
定　　价	42.00 元

目录

第一章

你所看到的惊艳，都曾被平庸历练

第二章

对的人，会让你更接近内心深处的自己

第三章

男女之间的纯友谊，是懂得不越界

第四章

别把自己的无脑，当作是别人开不起玩笑

第五章

你的人生，不会因为一个人而毁掉

第六章

所有的偶尔想念，都是在边走边看

第一章

你所看到的惊艳，都曾被平庸历练

你厌恶现在的圈子，那就去努力

所有的任性，都有对应的代价。

1.

一个男读者给我讲了这么一个故事，让我给他评评理。

他跟两个哥们打牌，忙活一晚上，要结账了，一个输给他6块8，另一个输给他5块2，5块2的那哥们要求“抹个零”，他犹豫了一下，同意了，于是收了5块，6块8的一看你能给他抹也得给我抹吧，说也“抹个零”吧，想给他6块，这下他不同意，还兴致勃勃地给这哥们讲了四舍五入的道理。

结果这哥们黑着脸转了他6块8后，扔下一句“你这人真能算计”，提着衣服就走了。

这男读者就为这事儿郁闷了一晚上。

他不明白。

自己为什么会因为几毛钱的小账被人说得这么里外不是人，而且平常他对这两个哥们挺照顾的，经常会主动请他们吃饭，明明他们想少给自己钱，却说他“能算计”。

我听完后其实有点哭笑不得。

几个大男人竟然为了几毛钱的账翻脸了，不觉得这日子过得有些悲凉吗？还在这纠结什么谁对谁错？

这有什么好讨论的？

你厌恶现在的圈子，那就努力跳出去。

2.

在一家报社当实习生的时候，被邀请去一个村里报道一个舞台节目。

刚找小马扎坐定，一个大爷凑过来，小声问我："闺女，你是记者不？"

我一下来了精神，血气方刚地说："我是，大爷，您有事儿啊？"

大爷眼睛里一下亮了起来，挤眉弄眼地让我借一步说话。

我当然不能错过这个大有作为的好机会，目测肯定有大料！屁颠颠地就随大爷去了距离舞台 20 米开外的洋槐树下。

大爷有冤情，故事是这样的。

他家有个闺女，瘫了，三年前上边有人下来视察，村干部在电视台的摄像机下表演了一场送温暖活动，送来了 20 斤面粉，他还挺高兴的，结果电视台的人一走，面粉又被村干部抬走了，说这就是个道具，不是真给他家的，他没辙，这事儿也就没再声张。

两年前，上边又有人来视察了，这次可能是个大官吧，说他家好像符合一个什么政策，每年可以拿到几百块的补助，具体多少他也不知道，但反正头一年村干部真按月给了他几百块钱，可发了一年后，村干部就告诉他，政策取消了，以后这个钱没了。

可有人偷着跟他说，这钱其实是村干部偷着留下私吞了。

大爷抹着眼泪说，家里老伴早就没了，他家这个条件只能是他一边种着地去劳务市场出工，一边照顾瘫了的闺女。

几百块钱对人家家里算不上啥，但对他家来说，还是挺多的，因为他一直想着攒点钱带闺女再去大医院看看，毕竟才十八九岁，正是好时候……

说得我都掉眼泪了，拍着胸脯要帮大爷“讨回公道”。

可我没想到，那个小城根本不讲究什么“公道”，只在乎跟谁关系好就罩着谁。

我的选题报上去就被毙了，更有意思的是，村干部马上得到了消息，冷笑着跟我说：“我认识你们报社领导，还认识 ×× 大官，派你来让你写啥就写啥，一个刚毕业的小丫头，你最好懂点规矩！”

我一看他这么嚣张，竟然莫名兴奋，心想终于能整个大新闻了。

但年轻的我毕竟还是图森破了，根本发不了。

我突然对当时所处的圈子感到厌恶，所以加倍努力地远离了他们。

直到我后来自己做了主编，我都忘不了当初那个圈子里的人带给我的认知伤害。

我不止一次告诉自己，**你不努力，就活该被垃圾碾压，就活该**

跟你厌恶的人整天混在一起。

3.

经常参加饭局的人，总会在饭桌上碰到大家举着酒杯互相敬来敬去的情况。

你起初可能特不习惯：这些人怎么这么事儿逼！就不能坐着好好吃顿饭啊？

你以为这些人是来好好吃顿饭的？

大家是来混圈子的啊：交换信息，提升人脉，互相拍马，绑架利益。

你不喜欢？

那就先让自己牛逼到岿然不动、爱谁谁吧。

前段时间参加一个作家的饭局，有出版人，有平台老大，也有身价参差的各路作家。

大家觥筹交错，互相点评，表达欣赏，呼吁结盟，你方敬完我再上，总之整顿饭都没闲着。

只有一个人，坐得特稳当儿，一个劲儿地闷头吃饭，其他啥都不管，他的名字叫常书欣，是《余罪》的作者。

桌上甚至有人啧啧称赞：“最欣赏常老师这一点儿，实在！”

饭后我们一起打车回酒店，等车来的时候，常书欣像个小朋友一样蹲在地上笑嘻嘻地说：“嗨，我最不擅长场面上那一套了，也管不了那么多。”

换作是我，是你呢？

一群领导、大咖都在，你一个名不见经传的小喽啰在那儿闷头只顾吃饭，连个酒杯都端不起来，别人会夸你“实在”吗？

不会啊，你只会落得一个“不懂事儿”的臭名声。

为什么啊？

因为人家成名了，而你没有。

因为人家有过硬的作品帮自己发声，而你没有。

你厌恶穷不择路、见利就争的嘴脸，为什么还要继续跟这种人接触？你看不起不求上进、挑拨离间的贱人，为什么还是要笑着假装自己不在乎？你不喜欢酒场逢迎、繁文缛节，为什么还是陪着笑脸迈着脚步？

你不敢任性，你不敢翻脸，因为你，得罪不起。

所有的任性，都有对应的代价。

4.

王小波在《沉默的大多数》里这样写道：

我相信这不是我一个人的经历：傍晚时分，你坐在屋檐下，看着天慢慢地黑下去，心里寂寞而凄凉，感到自己的生命被剥夺了。当时我是个年轻人，但我害怕这样生活下去，衰老下去。在我看来，这是比死亡更可怕的事。

当我读到这里的时候，我想到了跟一些人鬼混在一起暗无天日打游戏的无望，想到了自己为了讨个人缘而去假装很愿意跟一些人去逛街的慌张，想到了无数个被虚无填满强颜欢笑的荒凉。

我没有更好的路径，每当我厌恶所在的圈子，就会努力让自己变得有选择。

可能你也是。

要让你所有的委屈，受得有价值

别被你看不起的人，扭曲了你的初心和价值观。

1.

你有没有在职场中挨过骂？

当然。

是不是很努力很用功就可以不挨骂？

不是。

这是一个读者跟我之间的问答。

她刚入职场，三天两头都要挨骂，她觉得很委屈，反问我，谁不是在职场中一点点地学过来的，为什么那些人成了老鸟后对新人就如此恶毒？

明明说好了下班前给的材料，非要每隔一个小时就来问一次“弄完了吗”，搞得你一次次被打断思路好不容易在下班前弄完交上去了，还要被骂一句“什么东西都非要踩着点干完吗？不会提前点儿？”

这种情况，委屈吗？

是挺委屈。

但初入职场，你一无所有，什么都不会，你想要学点东西，总要受点这样那样的委屈，没有谁能例外。

受委屈最本质的原因，是因为你现在太弱了。

但既然这委屈必须要受，那就让你所有的委屈受得值当一些。

2.

你们听说过“枪手”这个职业吧？

就是撰稿行业内靠帮别人写稿子赚钱，却永远不能有署名权的人。

听上去很“丧”对吗？

凭什么我写的要署别人的名儿？凭什么我出力荣耀却属于别人？

不凭什么。你可以选择不做枪手，你可以去做独立撰稿人，但当你以自己的名义出去接活的时候，没有投资方愿意跟一个名不见经传的草根写手合作啊。

因为你没有名气，因为你没有成熟作品，但你还要靠笔杆子养活自己，所以做枪手最终还是你给自己谋的一份工作。

这份工作的性质，就决定了你没有名分，只能写好后拿钱赶紧走人。

如果你不肯对自己的选择与职业道德负责，在名人的工作室里做了那么一丢丢工作，就到处宣扬某某名人的稿子是你写的，你以为这个世界会怜悯你、重新审视你？

不会的啊。

你以为合作方会在意这稿子到底是谁执笔的？他们在意的是一个名人的品牌效应啊，你既然受下了这份只能干活不能露脸的委屈，你就要让这份委屈变成提升自己的砝码。

周杰伦一开始不也是写了歌拿给别人唱吗？武则天刚进宫的时候不也是伺候皇后洗脚的吗？哪个总裁助理不是熬了一宿的演讲稿，却要眼看着台前宣讲的老大独享那经久不息的掌声啊？

别急着抢功，你要在受委屈的时候清楚自己的处境与位置。

从幕后到台前，从籍籍无名到镁光灯下，都要用委屈与吃亏交一下学费。

3.

有一年被外派到一个甲方公司执行监理一个商场促销活动。

当时招了 30 个兼职学生来做临促，甲方老板是个宁可花高价聘人中龙凤也不会贪便宜去聘一堆废物的人。

所以当时给的兼职工资特别高，但条件是按天结算的，表现不好，可以随时当天辞退并结算的。

这 30 个促销员长得都特显眼，也很外向，看上去个个招人喜欢。

活动临近尾声的时候，销售额开始成倍下降，按照预算机制，要砍人了。

我把两个值班经理叫到跟前，一个人给了一张表格，表格上有 30 个人的名字，让他们一人划掉 10 个。

让我震惊的是，他俩划掉的名单里，有 8 个是一致的。

我私底下分别问了一下他俩原因，给出的答案很一致，就是这 8 个人太负能量了。

其中有一个女孩很典型，第一天来到展柜前的时候，卖货非常起劲，嗓子都说哑了，脸都笑僵了，那天值班经理特意跟我说，这个女孩做工作很卖力，活动结束后可以给她多发点奖金，如果她愿意，还可以吸纳她过来正式实习。

可是第二天，她就去值班经理那抱怨去了，说她不能跟其他人拿一样的工资，因为她做得最努力，一开始值班经理笑着跟她说，放心，每个人的表现，我们都看在眼里。

但她还是不放心，后面的那几天，不但总来跟值班经理抱怨，还在午饭的时候怂恿其他人都去找值班经理要求加薪，不然就不干了。

可是没有一个人来跟值班经理提这个要求，因为当时给的兼职工资已经是同行同类的三倍了，大家都心中有数。

值班经理苦笑一声说："这姑娘，可惜了。"

总有些人，做了点儿什么，就马上着急兑现。

他们不了解的是，任何努力，都有它的兑现周期。

比如期权，比如年终奖，比如升职，比如加薪。

一个值得跟随的上级，你做了什么，他都会看在眼里，但他不可能因为一个人今天干得不错就马上改了全公司的薪酬体系。

你的阶段性委屈，只要受住了，就会变成上司对你的敬重与感激。

4.

职场上，难免有一种 Loser 心态的死变态，就是只能通过难为新人刷到一种存在感与优越感。

遇到这类人，考虑两个问题：

1、你的本职工作做好了吗？

2、她难为你的时候，还教你东西了吗？

如果 1 没做好，别抱怨，挨顿骂是自己活该，谁让自己该做的没做好呢，没谁有义务哄着你干活。

如果 2 是肯定的，那就忍忍，提升的过程就是如刮骨钢刀般艰难。

如果纯粹是找茬的，这种小人绝对是那种常年升不上去的心理扭曲大变态，你尽快提升自己就好，相信我，你很快就可以把她踩在脚下。

职场这些年，我写的稿子，有不要脸的前辈非说是她写的，我不会当众反驳；主编的考核稿，每一篇都由我来写，然后署他的名儿，领导查起来，我依然不敢承认，怕主编知道了会给我穿小鞋。

也会气得哇哇大哭，也会暗暗抱怨上天不公。

但那些雕琢过的遣词技巧，那些在采访中感知到的人情细节，那些一遍遍被打回来修改再修改的日日夜夜，那些被不怀好意的人故意刁难的种种委屈，都变成了我如今行云流水的血肉筋骨。

别被你看不起的人，扭曲了你的初心和价值观。

他们没那么重要。

只需记住，让自己所有的委屈，都受得有价值就好。

越是到了该解决个人问题的阶段，越是要拼心态

只有你对了，才能遇到真正对的人。

1.

“轨姐，你相过亲吗？明天我要去见个条件很好的男的，有点担心，可不可以给点意见啊？”隔着屏幕，她小心翼翼地问。

我迟疑了三秒，说，不用紧张，**相亲过程是很快的，基本是一面定生死。**

她显然不太欣赏我的耿直，没再理我。

实不相瞒，我跟几个关系密切的朋友组建了一个“圣女天团”的微信群，每次她们相亲归来，都会仰天长啸“这个世界还会好吗？”

我曾陪同一位女性朋友去相过一次亲。

去之前她站在镜子面前左顾右盼，换了不下十套衣服问我怎样，最后临出门前，我突然发现她矮了半截。

“你怎么今天穿着平底鞋？”我问。

“介绍人说，那个男的个子不高，我怕穿了高跟鞋比他都高了，他会尴尬。”她说。

一个小时后，我们从地铁出来，钻进一家咖啡馆。

一个矮矮胖胖的中年男子，一身的珠光宝气，远远地看到朋友，皱起了眉头。

两个人用了十五分钟时间复盘了一下介绍人给的基本资料，情况属实后就没了话题，最后憋得我直想拉着她赶紧走，她倒好，坐得像一只温柔可人的小企鹅，完全没有抬屁股走人的意思。

倒是那男人沉不住气了。

“不好意思啊，我这个人比较直，有话就直说了，你个子太矮了，我们不太合适，今天的咖啡我们AA吧，以后还可以做朋友。”

什么？你有一米六吗？我朋友不穿高跟鞋都比你高了好吧！

小企鹅一听，白白净净的小脸“刷”地一下全红了，嘴唇翕动了两下，想说什么没说出来，急得眼泪都要下来了，拽拽我的胳膊，“走吧。”

“不好意思，我也比较直，那什么，一点小建议，人矮就不要戴大粗链子了，真的，太像藏獒了，怪吓人。”

不好意思，我又忍不住了。

其实相亲这种事，并不低俗，这只是结识异性的其中一种途径。

但是你跟对方合不合，多数情况根本不必等到见面互揭一下老底儿才能确定。

见面之前，先看一遍对方的朋友圈、豆瓣、QQ空间。

一个见面之前就首先考虑对方感受的人，她的生活轨迹里一定

充满了爱与阳光，恬静与希望。

一个拿姑娘当货架上的物品来对待的人，他的所到之处少不了猥琐的呻吟与肤浅的喜好。

2.

“我也是读过加缪，听过涅槃的人啊，怎么落到了这个地步。”

周云蓬在他的《绿皮火车》里，讲到了一个这样的故事。

他说自己年轻时在外地卖唱，有次被父亲一个电话喊回老家。

他还以为家里发生啥大事了，没曾想竟然是因为父亲替他看上了个不错的乡下姑娘，火急火燎地把他叫回来相亲。

那姑娘在乡镇澡堂子里做服务生，性格豪爽。

周云蓬的父亲考虑到儿子是个盲人，所以找对象自然不能挑肥拣瘦，再加上这姑娘人不错，自然是怕这好机会失不再来。

抵不过他爸的一番好意，于是俩人见面了。

姑娘听说他去过北京，好奇地问：“北京的澡堂子怎么样？”

周云蓬压根没去过澡堂，只能含含糊糊地答：“大概水更烫些吧。”

相亲告败。

心中只有诗与远方的周云蓬，默默念叨了一句，“我也是读过加缪，听过涅槃的人啊，怎么落到了这个地步”。

五官周正的澡堂姑娘，估计心里也犯嘀咕，“我一个大好的人，配你个盲人你还劲劲儿的，呸。”

最悲凉的相亲莫过于，你一心想找个三观正的人，他却一心想找一个五官正的人。

3.

而当下的相亲，更多的是两个不相信爱情的人不得不跑出来碰碰运气。

我有一个关系不错的老同学，品貌出众，冰肌玉骨，盈盈如仙，人也好玩。

结束了一个婚房都买好的八年马拉松恋情后，沉寂了好几年没再敢去碰什么爱情。

眼看就要三十岁了，家中双亲甚是着急，软硬兼施地为她密集安排了一大串相亲交流会。

实不相瞒，世纪佳缘之类的婚恋网站都被亲妈给注册了个遍。

她在孝道与孤寂中挣扎了一下下，遂从。

所幸，第一次相亲就碰到了一个十分契合的人，从长相到言谈，从家世到工作，都让她颇为满意。

一颗本不再相信爱情的心，不但迅猛地又信了，而且俩人用了不到一周的时间就见了双方家长，迫不及待地要定终身。

订婚酒都喝完了。

她发现了各种不对头。

男人喜欢玩失踪，她起初觉得满满的文艺心实在是“卡哇伊”，但三次之后她就觉得有点神经质；男人喜欢吃牛排，贵的就让她刷卡买单，便宜的自己抢着团购；男人脾气很暴躁，起初她觉得很男人，后来发现他总是要偷偷翻查她的每一条聊天记录，哪怕看到一个亲吻的小表情都要咆哮半天。

直到，她回家晚了十分钟，他动手打了她。

这段“严丝合缝”的一见钟情才戛然而止。

她冰雪聪明，心思细腻，为什么之前会对这些致命的性格缺陷毫无察觉？

其实，不是毫无察觉。

而是因为太着急了，所以不自觉地在自我蒙蔽、自我催眠、自我欺骗。

对相亲而言，你越是到了该解决个人问题的阶段，越是要拼心态。

4.

你隔壁四婶子王大妈不会负责解决你漫长婚姻里的点滴委屈，她们只知道你年龄不小了，怀揣着旁观者的好心，捧给你一个看上去跟你条件相当的人。

爱情的初期，大家都擅长把最好的一面展现给对方，修长的大腿，贤惠地夹菜，绅士地开车门，风雨中的激吻，可证人性中的太想得，却不能证白首同心。

两个遍体鳞伤的人，走进的很可能不是婚姻，而是坟墓。

很多人内心会非常抵触相亲，其实身边通过相亲认识然后白首到老的夫妻大有人在。

认识异性的路很多，这只是其中一条。

打开相识大门后，接下来的漫长探索与价值判断才是决定两个人能不能走到一起的核心要素。

你相亲百般受挫，其实也怨不得相亲。

跟话不投机的人不管以什么形式认识，你也很难说服自己两眼一闭就跳进火坑。

你之所以妖魔化相亲，事实上只是你内心还有伤未抹平。

不要指望通过一次相亲，来治愈自己内心的不信与安全感的缺失。

只有你对了，才能遇到真正对的人。

任何形式的相识，都不会赐你不去深入了解对方的捷径。

谁摆不正心态，谁就要承担未知世界的相应伤害。

最艰难的时刻永远是 “当下”

机会总是在无限尝试中遍地开花。

1.

在山东做了四场分享会，但凡是高校的提问环节，学生提出的问题听上去都那么的绝望而无助。

比如，有人问我，转眼大三了，发现自己只是玩了两年手机，对未来一无所知，也不知道自己能干什么，该怎么办？

比如，有人说，出去找工作，实习单位换了一个又一个，见到了很多肮脏的嘴脸与潜规则，自己既渴望这些中产阶级的优越生活，又厌弃虚伪人群的觥筹交错，自己才二十一岁，就感觉这个世界不可救，又该做一个怎样的人？

像这种还未步入社会就料定自己走投无路的学生，还有很多。

我的微博私信里躺满了许多孩子脆弱而认真的慌乱。

为什么越是青春年少，越会更多地去思考意义与方向这样的命题？

是因为越是少不更事的时候，越容易迷失吗？

是人随着年龄渐长，迷茫就会自然而然地化解吗？

并不是。

迷茫与艰难从未消失，只是因为我们越老去，越容易受困于稳定。

当得到稳定，越来越多的人会将曾经的英雄梦想雪藏，不敢实现又无力改变，就只好不问明天地过好眼前这一生。

2.

娜塔莉·波特曼这个幽灵式的演员，你们一定都知道。

13 岁就出演了《这个杀手不太冷》的女主角，对啊，就是那个让冷酷的杀手逐渐变得懂得人情冷暖的小姑娘啊。

2015 年时，她回母校做毕业演讲。

波特曼回忆说，当导演问她能否出演《黑天鹅》中追求完美的芭蕾舞者时，她觉得没问题。

可开始拍摄后，她却发现自己的舞步远远没达到电影要求的“完美”水平，这让她不得不付出百倍的努力去让自己真的“没问题”……

她坦诚地说，接受这个角色并不是出于勇气，而是出于“无经验”，那类似一种“无知”，让她意识不到自己面对的是一个挑战。

“如果知道自己的局限，我是绝不会去冒这个险的。最后，这次冒险成了我最好的一次艺术体验，也是最棒的一次人生经历。”

她说："你的无经验是一笔财富，会让你用最本能、最不受局限的方式来思考问题。每当着手新事物时，你要么让这种无经验将你领上他人走过的道路，要么就让它帮你开拓属于自己的道路，就算你不知道自己究竟在做什么。"

所以，当有人问我，轨姐，我真的不知道自己到底想要什么、能做好什么的时候，我会告诉他，**那就跑起来，不要站在原地不动。**

人生方向本身就是一个探索性命题，没有人可以让每一步都走得笔直而有效。

机会总是在无限尝试中遍地开花。

3.

讲我的一个小表妹的故事。

她二十二岁从英国留学回来，竟然去考了个公务员，尽管成绩出来后是第一名，但我还是感受到了"汉堡就大葱"的可惜与惆怅。

在一家"鲜芋仙"门店前，她跟我对视而坐，气定神闲地用小勺挖着碗里的芋头和冰碴子，全然一副生活美好的满足。

我忍不住问她："你喜欢现在的工作吗？"

她点点头，说："喜欢。"

我一乐，说："体制内的岗位呢，会有些枯燥，而且你一开始要在基层干很久，你确定周游世界后，自己愿意被锁定在这样机械的生活中吗？”

她默默抬起头说：“我考公务员之前，回国待了一段时间，去窗口排队办事的时候，经常看到一些工作人员会对流程不清的老人爱答不理，说话没好气儿，明明可以一次叮嘱清楚的手续，非得分好几次说完，搞得这些老人为了一个章要来回跑好多趟。我觉得很不舒服，我想如果别人来找我跑手续、盖章，我一定不会这样，我会做得更好一些。”

听得我当即汗颜。

就是这样一个听上去好像在冒傻气却又简单明晰的原因，让她选择了一条截然不同的路。

一提梦想，很多人觉得一定要宏大；一去实现，首先担心的是全世界的反对。

怕换一份工作还是不喜欢，怕不成功会被人笑话，怕遵从内心会让自己看上去太异类，怕一步走错会没有机会后悔，怕梦想得不到父母的支持与理解。

每一条路，都有人生，有人死；每一份工作，都有人做得风生水起，有人做得一败涂地。

人与人之间，是不一样的。

著名导演斯皮尔伯格说：“在人生的前二十五年中，我们被教导要倾听他人的声音。父母和老师用各种智慧和信息填灌我们的头脑，老板和导师也从他们的立场出发，告诉我们世界究竟是怎么一回事。通常，这些权威的声音听起来很有道理。”

很多过来人用他们认为的“对”定义着“你是谁”。

而真正能把“我是谁”这件事搞清楚的，是你的每一个选择，每一次得失。

迷茫，有时候并不是因为你想得不够多，而是你在梦想面前不敢割舍。

4.

很多年轻人总说自己不敢。

我说我二十岁开始写作，但花费了接近十年的时间才实现了自己喜欢的写作状态，实现了通过写作来过上体面的生活。

有小姑娘跟我说：“轨姐，我们不一样，你知道自己要什么，而我不知道。”

嗯，在我刚毕业的时候，我认为自己是想成为一个无冕之王，于是我去报社做了记者，后来发现我可能搞错了。

于是，我辞职北上，从一个月薪二千八百块的实习“小北漂”干成了一个年纪轻轻的副总裁，我觉得成为一个女高管应该就是我的英雄梦想了，但是我可能又搞错了。

于是又经历了几次不同领域的尝试，最终回归了全职写作的状态。

所以，知道自己想要什么很重要吗？

并不啊，知道了又怎样，反正有可能还是会错的呀。

那些看上去人生方向很明晰的人，也不见得当下就过着自己想要的人生。

有时间可以快速试错是年轻时最大的优势，毕竟，试错的成本比较低。

当你年纪渐长，有妻有子，有沉淀了多年的行业优势，你就同时拥有了大量的难以割舍的沉没成本，你就会受困于稳定，不敢去尝试，怕犯错的代价太高。

无论你活在人生的哪个阶段，艰难的时刻永远是“当下”。

你觉得过去这段时间就好了，翻过这篇就好了。

其实不会。

寻找希望的过程，永远是要逢山开路，遇水搭桥，有什么问题解决什么问题。

爱因斯坦说，疯狂就是做着同一件事，却期待着不同的结果。

既然这样，你还怕什么。

你只是最近有些心累，并非全世界都跟你作对

想要活得有希望，首先要做的是打开自己。

1.

微博里有些年龄很小的读者，我常常对他们发来的私信感到手足无措。

她们的世界还小，所以会经常因为一件很小的事情活得郁郁寡欢，甚至自残。

一个大一的女孩跟我讲了一件这样的事。

她感觉自己被寝室里的所有人联手孤立了。

原因是其中一个很强势的女孩总是在莫名其妙地针对她，她跟这个女孩某天一起去餐厅打饭，那天餐厅有牛肉，她为了省钱，就说自己不喜欢吃牛肉。

结果第二天，寝室一个内蒙古的姑娘从老家回来给大家带了牛肉干，分到她时，她刚要接手，强势姑娘马上跳出来，挑着眉毛说，你不是不喜欢吃吗？

类似的疏离，不止于此。寝室里的舍友去打水，没有人喊她一起；有人出去买饭，没有人问她要不要带饭……

她每天出门之前都会回头说一句，“我出去了啊”，但没有人给她任何回应。

就是这样的冷暴力死寂，让她心如死灰，开始抑郁。

她说她每天都不快乐，活得好累，上课恍惚，考试临近却看不进去书，每天都爬上图书大楼的十六楼往下看，说不定哪天就跳下去了。

我问她最近都做了些什么。

她悲恸地跟我说：“让这些人搞得我什么都做不了，什么都做不进去。”

很多人活得累，往往都是因为，忍受不了现状，却又改变不了现状。

人在不开心时，往往充满戾气，莫名其妙地就要去与全世界为敌。

2.

刚毕业在媒体工作时，我也经历过一段漫长的灰暗期。

新的城市没有朋友，老记者整天颐指气使，我追了一个月的新闻她轻描淡写地说不能发，有陌生人来找我，领导就会阴阳怪气地找我谈话。

有一次好不容易上了个头条，没署名，结果老记者说这稿子是她写的，我想争辩，却被师父一个眼神制止，事后还责怪我没有气度。

傍晚我跑步到海边大哭一场，看着海水一点点吞没无边夜色，感觉这一生都没了指望。

那段时间，看谁都虚伪，瞅谁都是非。

那年冬天，去一个郊外的小区采访一个外国人，结束后走出门发现空中飘起了漫天大雪，我一脚一个雪窝子，摇摇晃晃从小区往外走，那个时候没有“滴滴打车”，心里全是这鬼天气肯定打不到车了的焦虑。

一辆白色丰田车突然停在我身边，问我：“小姑娘，去哪儿？”

我高兴坏了，故作镇定地说：“报社。”

上车后我就开始后悔，因为提前没讲好价，这黑车肯定得黑我一把了，我这么穷，这太可怕了。

到达目的地时，为了让他认为我不好欺负，我故意高冷着一张脸淡淡地问他多少钱，司机一愣，哈哈大笑，说：“我不是黑车，不要钱。”

我一下愣住了：“不要钱？”

“冰天雪地看你冻得够呛，所以送你一程。”

我伫立在报社门口，看着那辆白车远去，突然觉得整个城市都变得温暖。

在那之前，我一直说自己无法爱上这个冰冷的城市。

就这么一件小事融化了我漫长灰暗期积攒的所有情绪。

这个城市每天都有温暖的人，温暖的事，但是多数人只会放大自己的心累，却关掉感知世界另一面的心扉。

想要活得有希望，首先要做的是打开自己。

3.

很多人跟我讨论过待遇不公平的问题。

在公司里，每个人都会认为自己贡献最大；在学校里，每个学生都觉得助学金应该分到自己头上；在家庭中，每个人都觉得自己为这个家付出更多。

理查德·波斯纳在《法律与文学》中写道：

“人这种动物可以想象一个更美好的世界，但他知道，有生之年的人和努力，都收效甚微。”

很多人接受不了这样一个事实：我们一生愿望无数，但大部分都注定落空。

生活中任何一种不顺心都会给我们带来不适感。

每个人都觉得自己正在经历一种任何人都理解不了的独特悲惨。

事实上，哪种轻描淡写的微微一笑背后，不曾经历过孤立无援的绝望?

不适感与不确定感的存在，不会像《开心消消乐》一样指定目标解决完就消失。

寻求与调整，将会贯穿到我们生命当中的每一个阶段。

4.

你在台上演讲，有人朝你扔鞋，你或许严词谴责，又或许嗷嗷大哭，甚至回来后认定这个世界不会再好了，接着就跳楼了。

小布什弯腰躲过，心想多大点事啊，当即跟记者开起了玩笑：“我发现这是一双十号的男鞋哎。”

你半夜和朋友喝完小酒美滋滋地往家赶，到家门口发现门关着，敲半天门保姆也没出来，你或许气急败坏，觉得她一定是故意的，决定第二天就开了保姆。

苏东坡心想多大点事啊，倚着手杖靠着门就美滋滋地睡了，还顺带写了一首词流传百年：

夜饮东坡醒复醉，归来仿佛三更。家童鼻息已雷鸣。

敲门都不应，倚杖听江声。

长恨此身非我有，何时忘却营营。夜阑风静縠纹平。

小舟从此逝，江海寄余生。

这个世界，确实并没有我们想象中那么充满善意，有人无视你、忽略你，甚至讨厌你、攻击你。

恶意与欲求在持续噬咬你，你放不下，积攒着，慢慢就成了压力。

而压力自始至终都会是我们生活的一部分，无论你生活在哪一个层次。

生活本身，不至于那么好，但也没那么糟。

就像万晓利那首《这一切没有想象的那么糟》唱的一样：

想捕捉一只美丽蜻蜓，却打碎自己心爱的花瓶。

燕子飞回了屋檐下的巢，这一切没有想象的那么糟。

每天都要精心地灌溉，兰花却一天天的垂败。

清风送来了杏花香，这一切没有想象的那么糟。

生活中，有时欲求不得，有时生无可恋，有时活着活着突然就觉得没意思了，都可以理解。

但是，你始终要明白一点，你只是最近有些心累，并不是全世界都在跟你作对。

想起丰子恺的一段话：

你若爱，生活哪里都可爱。你若恨，生活哪里都可恨。你若感恩，处处可感恩。你若成长，事事可成长。不是世界选择了你，是你选择了这个世界。

要始终相信，每一种情绪都是一种馈赠。

你要做的不是对立，而是换一种形式与之共处。

你所看到的惊艳，都曾被平庸历练

对未来的真正慷慨，是把一切都献给现在。

1.

昨天我没更新内容，但按照我的更新常规，这不太正常。

有读者一过八点半，就从后台蹦出来关切地说：“呵呵，轨，你今天偷懒了吧。”

我一听，什么？懒？我懒？我勤快得很。我立马回复她：“哎，今天实在是太忙了。”

然而，事实上，我的昨天是这样的。

早上起床的时候刚好九点，吓得我一下从床上翻身而下，差点错过了酒店自助早餐的收餐时间。

脸都没洗就穿着拖鞋冲进餐厅，蛋卷、牛奶、培根，想着吃完赶紧滚回去码字，一边吃一边对自己说，今天是更新日。

不对，这点东西根本不足以满足我高贵的大脑，于是，水果，面包，又一杯牛奶。

吃完后感觉前所未有的饱腹感正在冲击我的嗓子眼。我扶着墙根溜回房间，闻了闻自己一身的“奢靡之气”，决定涤荡一下灵魂，以便全身心进入码字状态，于是唱着歌冲了个澡。

洗完澡之后发现自己又美了许多，于是画了一个精致的妆。化完才发现今天的我，并不出门。

我踉跄着来到电脑桌前，身体沉重得像一头河马，听着苹果笔记本一声爽朗的开机声，屏幕划亮，我整个人万念俱灰。

十二点，有人敲门，啊，是客房服务的阿姨。

“您好，打扰了，方便进来收拾房间吗？”

“方便，方便，太方便了，快进来。”我激动地站了起来，差点冲上去“熊抱”了这个阿姨。终于有个可以说话的人了。

顺着午饭吃没吃的亲切问候，我们聊到了清蒸鱼、小龙虾以及澳门豆捞，聊完之后我就把电脑一合，往床上一扑，我告诉自己，醒来再写。

下午五点，我被电话叫醒：“来啊，轨，晚上清蒸鲈鱼，某某大饭店。”

回来的路上，我“调戏”了一条牧羊犬，它好像对我感到有些厌弃，不然也不会招呼不打一个就摇着尾巴走了。

等我回到住处，刚好晚上九点。

把电脑一合，我有些绝望。

这是被我打败多年的拖延症又犯了？

我开始自责，于是想办法去确认“病情”。

2.

首先，我要寻找一位可以诊断“病情”的领域权威。

翻阅大量资料后，我选定了把加拿大卡尔加里大学的皮尔斯·斯蒂尔教授的理论标准作为自我诊断的依据。

他有个广为接受的“拖延公式”：U=EV/ID。这个公式确定了跟大多数人的大多数拖延最有关系的四个因素，翻译过来可以理解成：信心不足，动力缺失，冲动分心和回报遥远。

这四个因素让我受到了惊吓。

信心不足？不可能，每天我身边的朋友都被我疯狂的自信心吓得掩面而泣。

动力缺失？在我稳固而积极的三观之下，写作已经是迄今为止最让我快乐的事儿。

冲动分心？我吃饱了睡足了之后，已无欲无求，撑成这样儿连下楼消食的意愿都没有。

回报遥远？有那么一点点，但是良好的心态告诉我，任何事情，都是只要在做，就会逐日向好。

诱因太牵强，结论不成立。

长舒一口气后，突然一个可怕的字眼给了我胸口一记闷拳，难道，这一切是因为，懒？

马上去查中文维基百科里的定义。

定义把“懒”归为懈怠、好逸恶劳、缺乏行动的欲望等，主要是原动力缺乏，那么它的确符合公式里的“动力缺失”的标准。

维基百科太“恶毒”了，我虽然没码字，但是我一天也没闲着啊，凭什么说我懒。

我拒绝继续从中寻找答案。

睡意全无的我，在屋子里来回走动，上厕所的时候，荡了荡小短腿。

“病因”找到了。

从早上一起床，我就一直在拒绝发生改变，并模糊化自己的目标。

比如，早上朋友来找我吃早饭，问我今天是否推东西的时候，我就厚着脸皮说，推不推都行。

在这样的自我暗示下，我浑浑噩噩地拒绝把更新内容这件事当作是清晰目标。

而事实是，**每一秒钟，都是成败的分水岭。**

3.

我认识一个勤奋的民营企业老板，我打开微信对话框，决定远程汲取一些他身上的勤奋因子。

“赵总，今天的行动力有些欠缺，求远程协助激活。”

“别担心，谁都会有这种时候，一回头发现一周，一个月都荒废了。”

“谁都有？”

“嗯。”

然后他给我展示了一篇《胡适留学日记》。

7 月 12 日

新开这本日记，也为了督促自己下个学期多下些苦功。先要读完手边的莎士比亚的《亨利八世》……

7 月 13 日

打牌。

7 月 14 日

打牌。

7 月 15 日

打牌。

7 月 16 日

胡适之啊胡适之！你怎么能如此堕落！先前订下的学习计划你都忘了吗？子曰：“吾日三省吾身。”……不能再这样下去了！

7 月 17 日

打牌。

7 月 18 日

打牌。

看完笑疯。

找到“病因”后的第一步也很顺利，接纳。

4.

“我也有这样的时候，别紧张。”他接着说。

“哦？不可能，与您共事了三年，您每天第一个到公司，每次去您办公室，您都在疯狂地……”我质疑。

“疯狂地收拾花儿，拖地，擦桌子。”他打断我。

有些人的懒，表现为一刻不停地忙碌。

逃避痛苦与追求快乐是人类趋利避害的本性，这一直在左右着我们的选择惰性。

有个会议你不愿意参加，所以你早上会起得很晚并暗示自己身体不舒服，但如果换成跟漂亮女人约会，哪怕你拉虚脱了第二天也会精神抖擞。

有个 PPT 很棘手，涉及新领域与不确定因素，所以你不停地做其他工作来掩饰自己内心的排斥，如果老板站在你身后等着要，你就会立马动手。

不想做的事，你会制造大量的借口去拖延。

这些借口有时候会表现为另一种忙碌。

5.

就在上个周，一个读者来找我说了一句话：活着真没意思。

她才 20 岁，每天晚上睡觉之前，都满脑子的宏大目标，但是第二天早上起来之后，她就会为宏大目标买上一堆零食，吃完之后又感觉行动力消退。

晚上站在楼顶看日光一点点落下去，她都恍惚到绝望。

有人说她得了抑郁症，但她自己不太确定，她只是告诉我，两次自杀未遂，寝室室友跟她说话都小心翼翼，每次出门她都会夸张地大声说一句“我走了啊”，但是没有任何人给她回应。

不眠的灯光只会照到失眠的人。

她说：“我真羡慕你啊，小轨姐，每天都在写，灵感一直在。”

什么？灵感？

很多人告诉你，不要忙着写，要出手就是精华。

去他的灵感。

一个职业作家如果靠灵感写作，早就“吃土”了。

这就是为什么，一个追求完美的人，拥有一流的思考，却无法写成一流的作品。

完美主义者，对瑕疵尤其敏感，本质上更在乎别人的看法与评价。

这就阻碍了开始。

一个人，无论做什么，都要靠细水长流的职业精神才能走得更远。

你不想做，但是可以做，这就是职业精神。

像是产品不断进行版本迭代一样，人也要接受自己从平庸迭代到惊艳版本的过程。

做不好没关系，但是你要在做。

精进是一个给人希望的过程。

所以，写到这里，你就知道，我要扣题了。

你所看到的惊艳，都曾被平庸历练。

一次历练，兑换一层蜕变。

写完这篇，正好深夜两点。

我很开心，病好像治好了。

最后，用加缪的一句话，与大家共勉。

“对未来的真正慷慨，是把一切都献给现在。”

你以为梦想有多远，想想你的十年前

人生苦短，何妨一试。

1.

我听过很多漂亮姑娘落寞半生的故事，而这个，刚好发生在我身边。

她比我大几岁，是一个精妙世无双的大美人，二十六岁那年，瑞士留学归来。

头一天喝大了，她睡在我的出租屋，第二天一早，陪我去挤北京的地铁，赶上前胸贴后背的早高峰。

列车第一次进站，只挤进去了五六个人，她拉拉我的手，说：“下一趟吧。”

列车第二次进站，我挤上去了，她害怕被门挤到，甩开我的手，惊恐地在站台上喊：“快下来，那么个挤法，胸会爆炸。”

列车第三次进站，她被我强行拉了进来，东倒西歪，左顾右盼，艰难地用胳膊抓住头顶上的吊环，愤愤地问我：“轨，你每天这么玩命拼，还不是活得这么苦。”

我“扑哧”一下就笑出声来，说：“这才哪儿到哪儿，每一次换乘，都是‘决战紫禁之巅’。想升级，得先打怪。”

她用下巴偷偷点了点身后的一个中年男人，小声问：“如果努力半辈子，还这样呢？”

那个问题，让我绝望了整整一个上午。

绝望之后，发现不努力，生活又很无趣，只好继续去做一个“但行前路，不问前程”的欢乐“小二货”。

她家境优越，长在国外。在我每天早上吹冷风吃鸡蛋灌饼的时候，她就向我展示过手腕上价值四万元的卡地亚蓝气球腕表。

她32岁的一天晚上，突然要跟我视频聊天，说她一直在关注我的公众号，想跟我说说自己的感情生活。

第一个男人说想结婚了，等她把自己“热乎乎”地端给他，才发现，他说的想结婚了，其实是想跟别人结婚了。

第二个男人很有钱，那天她洗完澡穿着睡衣跟他去街上溜达，路过“原麦山丘”面包店，她馋了，想要吃，发现忘记带钱，她望向男人的一瞬间，男人拉着她的手就跑了，说阿姨在家煮好了饺子，吃这个没营养。

第三个，第四个……第九个……她都竭尽全力，但是每个人都莫名其妙地娶了别人。

她突然红了眼，问我：“这个世界怎么了？”

我说：**“你只是有可能遇人不淑，并不是这个世界出了问题。”**

2.

有段时间，我过得很消极。

体重飙到了 117 斤，走在路上，像一头孤独的大象。

更要命的是，我精神上的积极性正在被吞噬殆尽。

我不喜欢照镜子，只想窝在被窝里大量阅读哲学书，我越来越觉得，很多事情，并不像我想得那么有意义。

我走到跑步机上，每一次脚底和跑步机发生碰撞的声音，都让我觉得没希望。

一觉睡到了中午，一下坐起来的那个瞬间，我觉得自己好像被全世界抛弃了。

昨天刚给自己打了鸡血说要每天背二十个法语单词，可是今天就忘得一点影儿都没了。

我觉得这样下去，我可能会废了。

于是约隔壁屋另外一个胖姑娘：“PK 减肥，干不干？”

她点点头，于是我们说好不吃晚饭，午饭只吃一个苹果。

每天晚上我饿得寻死觅活的时候，都会打电话问她：“你饿吗？要不我们少吃点？”

她斩钉截铁地告诉我：“不，我一点都不饿。”

但让我纳闷的是，同样的饥饿策略，为什么我在一点点减重，她却没啥变化？

也不记得经过了多长时间，更不记得吞下了几吨圣女果和苹果，我一上秤，瘦到了 92 斤，我兴奋地连喊三声，急匆匆地跑到她办公室，像一只兴奋的报喜鸟。

一推门却发现她的座位上在冒热气，走进一看，她正在狼吞虎咽地吃泡面，眼神中全是惊讶。

后来，她告诉我，她激励我减肥成功，纯属意外，因为她不认为自己能坚持下来，又不能在气势上输给我，只好每天都背着我偷吃泡面，还扬言说自己一点都不饿。

很多年后，每当提起此事，她就尴尬一笑，说："我曾经用凯尔特人的队训鞭策了一个女人的成功，却搭上了自己。"

"哪个更痛苦，努力还是后悔？"

往事已成空，还如一梦中。

人生苦短，何妨一试。

3.

Randy Pausch 在著名的《最后的演讲》中，提到过一个观点。

他说，在我们追寻理想的道路上，我们一定会撞上很多墙，但是这些墙不是为了阻挡我们，它们只是为了阻挡那些没有那么渴望理想的人们。

这些墙是为了给我们一个机会，去证明我们究竟有多想要得到那些东西。

一生时光，总会隔三岔五地冷不丁冒出来很多个时刻要去怀疑

现在努力的自己。

不管我怎么用功，我都考不上名校，那我在这苦哈哈地做题背书有什么意义？

不管我怎么玩命，我都买不起北京八万一平方米的房子，那我留在大城市像蝼蚁一样匍匐又有什么意义？

退一万步讲，我一朝腾达，那么耀眼的几克拉的钻石戒指有什么意义？吃到山珍海味了又有什么意义？

这些所谓的意义，不是你岁月静好、自甘平庸的借口。

你的梦想，不是为了去换取成功，也不是为了去超越别人。

你的努力，是为了跟你喜欢的一切待在一起，是为了在遇上自己真正喜欢的人时，不至于自卑到尘埃里。

更是为了，当惊涛骇浪意外地劈头盖脸砸下来时，你不至于无能为力。

昨日青丝，家间红骨。

你永远不知道，下一秒会发生什么。

4.

我小的时候，特别羡慕邻居家一个小女孩的潇洒，虽然她家条件也不好，但是每天都能大鱼大肉。

为这，我经常跟我妈置气："人家借钱都要让孩子吃好的，你倒好，有俩钱就攥起来，问你要一毛钱零花都费劲。"

直到，有一天她爸爸酒后跟人打架，被人砍了。

她哭着跑到我家来借钱，说她爸爸等着手术，浑身是血，家里没有钱。

我妈赶紧把钱塞给她。

等她走后，我妈叹了口气，说：“妈妈一直把钱看得重，不是因为贪财，而是不想有一天像别人家那样，家人浑身是血、等着救命的时候，还得挨家挨户去借钱。”

这句话，让我记了一辈子。

这是父辈人的梦想。

迈一步，不一定看得到前路，但至少，不会在想留住你的时候只知道哭。

5.

长路漫漫，我们每迈一步，究竟离着梦想还有多远？

十年前，三千霜发，不知为谁白；十年后，泪眼相望，儿女忽成行。

十年前，向往功名，却恨登山水；十年后，庸碌长叹，酒里度平生。

你以为梦想有多远，想想你的十年前。

有些路太黑，却只能一个人走完

别人说的我都懂，但这道坎还是要我自己过。

1.

不知道为什么，最近我的读者都很悲伤，也有可能是因为，他们只有在悲伤的时候，才会想起我。

第一个人的悲伤，有关亲手剥夺生命的残忍。

主角是D姑娘。

D姑娘夜不能寐，因为她一闭眼就会梦见她死去的爸爸带着满眼的不甘。她认为自己亲手剥夺了她爸爸想要活下去的权利。

D姑娘的爸爸五十九岁，熬了一辈子，明年就要退休了，却在前不久遭遇了车祸。

医生把D姑娘拉到一边，说："开颅手术死亡率很高，手术成功最好的结果是植物人，但是不手术拉回家就是等死，要手术吗？"

D姑娘的决定是放弃。她把爸爸拉回家，亲眼看着自己的父亲因脑部损伤感染五脏六腑后高烧，不断呻吟，D姑娘跪在床前不停地磕头，求爸爸别再挣扎，早点儿走吧。

十二个小时之后，D 姑娘的爸爸心脏停止跳动。

她看到爸爸临死前眼角有眼泪流下来的那一刻，认定了爸爸在怨恨自己。

她持续两个月一直在做噩梦，梦见爸爸告诉自己他想活下去。她现在每天都活在自责里，她恨自己理性到连试一下的机会都果断放弃。

所以，她现在的悲伤是，她觉得活着没有了意义。

她像茨威格笔下那个绝望热烈的女人，在脑海排练了千万次死亡。

我要说什么？时间治愈一切？人死不能复生？

这世界上，**有很多事，无论我们怎么选，都会后悔。**

折磨，从来伤害不到离去的人，而是留给那个做决定的人。

2.

第二个人的悲伤，有关对婚姻的绝望。

她二十五岁，已经是两个孩子的妈妈，与老公相识十年，光阴虚掷，磨尽男欢女爱。

两人睡觉，一人一屋，她知道他外边有人，但是，亲手抓住和心里知道，终究是两回事。

另一间屋子里，她一推门，听到老公在视频里叫别人老婆。

她心里“咯噔”一下，她发现自己木讷的老公从来没叫过自己一声老婆，她给宝宝盖好毛毯，寂寂抻直身子，叹一声一场秋雨一场寒。

都说“结发为夫妻，恩爱两不疑”，但是当不疑的真相刺入眼中，她十九岁就跟随的这个人让她尝尽“生亦何欢，死亦何惧”的绝望。

她说：“我不想让你救我，只是想找个人说说话。”

我突然感到一阵难受，觉得可以回答不久前一个读者的提问了。

“一个女人对婚姻绝望是什么样子的？”

“不再闹了。”

自此，滔滔岁月，从此了无牵挂；芸芸众生，好似一堆白骨。

经历过绝望，就容易得上一种后遗症，丧失了感知新世界的能力。

3.

第三个人的悲伤，有关很多年前的来不及。

那年在北京，我住在地铁5号线的最北端天通苑，小野住在5号线的最南端宋家庄。

一场离别让我方寸大乱，掩面而泣走在街头，一边哭一边给小野打电话，她吓坏了，斩钉截铁地说：“我马上过来。”

北京这座城市很魔幻，可以轻而易举地把“马上”变成“来不及”。

两个小时后，她在地铁口发现了蹲在路边正在吃地瓜的我。

我缓缓地站了起来，她快步跑到我跟前，四目相对的那一刻，突然有些尴尬。

在她的预期中，我应该在路边号啕大哭，她义愤填膺地抱抱我，大骂几句“这王八犊子玩意儿”之类的话，但是我此刻吃地瓜的神情有些过于淡漠。

她气得一屁股坐了下来，大骂一声：“北京太大了，等我花两个小时赶过来，你都不悲伤了，一切来不及。”

人生很有趣，两小时之前你以为世界毁灭、要死要活，两小时之后你又能重新披甲上阵。

时间很滑稽，还没来得及安慰你，你的悲伤早就凉透气。

4.

做过的一个决定，曾经打翻你整个人生，那些“愿无岁月可回首”的“毒鸡汤”喝下去嗓子眼都冒烟。

你笑着摆摆手说：“没关系，道理都懂，‘鸡汤’得喝。”

经过一段黑暗期，你认定人与人之间的相遇是一场冒险。当你再遇到对的人，不是满心欢喜，而是心有余悸。

因为你不喜欢操纵别人，也害怕再被人玩得团团转。

爱过一个人，给了她独一无二的好，说了些非你不可的话，突然有一天却发现，谁也没办法再往前走一步了。

经历了多少年的风尘，你惊讶地发现，**那些独一无二，你其实可以跟别人再重复一下。**

有时候我们急吼吼地号令五洲朋友过来陪陪我们，还以为自己悲痛欲绝熬不过今晚，可是天一亮你又能背上竹筐去菜市场斗智斗勇。

长大教会我们最好的事情，就是，**别人说的我都懂，但这道坎还是要我自己过。**

你经历了求之不得的悲伤，经历了得非所愿的悲伤，经历了渐行渐远的悲伤，经历了永不相见的悲伤，也是好事一桩。

那些让你一地鸡毛的悲伤，不能忘记，就任它沉淀。

终有一天，不怨沦陷，只恨遇见。

终有一天，你可以归田卸甲，做一个过来人。

我们都想成为我们不能成为的那种人

爱自己的本质，是活成自己喜欢的样子。

1.

我昨天跑去影院看了《七月与安生》，主要是因为太好奇：一部青春片是要怎样才能在豆瓣上得到 7.7 的高分。

有些电影都是用来毁原著的，但是这部《七月与安生》，却让韩寒调侃道：“羡慕安妮宝贝，电影还把原著升华了。”

这些年，经过《左耳》《夏有乔木，雅望天堂》青春片之流的蹂躏，别人跟我一提青春片我就会尴尬一笑，况且是这种闺密友情破裂抢男朋友的故事内核。

但是，我看完之后完全被惊艳到了。

我彻底明白了什么是没有不能拍的俗话题，只有不会拍戏的导演。

我已经很久没有看到有一部纯描述女性友谊的电影了，男主角在整部影片中只是一道辅菜，我特别惊喜导演没让这部片子沦为闺密抢一个男人的俗烂片。

从十三岁到二十七岁，两个姑娘亲密无间。

一个是恬静的七月，一个是张扬的安生。

两个人好到在一个浴缸里轮流看胸，好到长年累月地同吃同睡同欢喜，却因为男主角苏家明的出现，两个人开始了微妙的较量，较量“谁装得更假”，计较“谁算得更清”。

安生为了把家明“让”给七月，背上行囊开始流浪，在酒吧、在出租屋、在小旅馆里挥霍着人生，开始了与陌生世界的碰撞，吃完上顿没下顿。

七月明知安生一直戴着家明送的项链，却自始至终装作若无其事，既不跟男朋友家明分手，也不跟闺密安生撕破脸，浑浑噩噩地拼命让自己过上现世安稳、岁月静好的一生。

最后，七月最终变成了流浪着的安生，安生却变成了安稳的七月。

在三个人的爱情与友情纠葛中，抛出了一个巨大的命题。

七月与安生好似过着截然不同的两种生活，却又不停地羡慕着对方的人生。

其实，谁又何尝不羡慕着别人的人生呢？

好女孩上天堂，坏女孩走四方。

七月和安生不过是一个人的矛盾体。

2.

很奇怪，很多人身边都会有一个跟自己性格对立的闺密。

我跟一个姑娘，从出生起，朝夕相处到六岁，她比我小了半岁。

我疯疯癫癫，得不到的东西就动手抢；她个子很高，总是希望通过谦让零食获取我的欣赏。

我家开饭，她会很懂事地说她该回家了不然奶奶会担心；她家开饭，我赖着不走，她乞求奶奶留我吃饭还会把自己的排骨放到我眼前。

意见不合，我立即表态必须绝交并要求她尽快离开我家；她不肯屈从，哭着跑回家后不出五分钟带着好吃的又跑到我家里，希望能得到我的原谅。

六岁那年，她说她要被爸爸妈妈送到市里读幼儿园。

我站在石墩子上试图跟她平视，问她市里的幼儿园有什么好的？

她说她不知道，没什么好的，市里又没有你。

十二岁那年，她依然高我一头，留着毛寸，从来不穿裙子。跟我手挽手经过村子的一个厂房，背后传来一阵轻声议论：“你看，这就是早恋吧？”

有人问她为啥整天打扮得像个男孩子，她指着我一脸认真地说：“保护她。”

十五岁那年，我俩挤在我家大院里的水缸里洗澡，她盯着我的胸部啧啧称赞，我说：“只要努力你也能变大。”她摇摇头说：“还是不要了，听说太大会下垂。”

二十六岁那年，她嫁人了。

我问她：“帅吗？”

她说：“不帅。”

我问她：“那你要生孩子了吗？”

她沉思半晌，没回答我，只是说：“我结婚你没来。”

我说：“那天我在南京出差，假没请下来。”

二十八岁那年，她生了宝宝，是个男孩，叫乐乐。

照片发给我的时候，她说：“老姑姑（我妈）来我家看乐乐了，还骄傲地说你送了她一条漂亮的项链……好羡慕你整天可以东跑西跑，我这辈子都不会变了，就这样窝在家里终老。”

电话这边，我一脸苦笑，说：“在家有什么不好，至少不用想家。”

有人厌倦了波澜不惊的安定，就有人受够了四海为家的终日奔波苦。

当你背着背包走在路上，你就会明白为什么有人总是在万家灯火时痴痴地望着家的方向。

3.

2010 年，“猜火车”酒吧举办了一场诗歌会。

晚上十点多，活动散场。很多人意兴阑珊地站在酒吧门口抽烟闲聊，其中有一个人说要提前离场，几十个人目送他钻进了一辆玛莎拉蒂超级跑车，副驾驶位置坐着一个貌美如花的大美女。

有人往地上吐了口痰，说："瞧瞧人家某某混的，北京三环内三套房，一辆玛莎拉蒂一辆路虎极光，人家这么有钱还热爱诗歌，那才是真正地热爱艺术。"

有人说："他是某某知名连锁酒店的董事，这辈子最不差的就是钱了，活到这份上，估计也无欲无求了吧，咱啥时候能活成他那样就牛了。"

大家七嘴八舌，争先恐后地流下了艳羡的哈喇子。

2015 年海子纪念日的时候，群里有人写诗在追悼这个人，我以为是群友在闹着玩，但是写诗的人却悄悄告诉我，他自杀了，就不知道怎么的，突然抑郁了，他是一个人在家绝食死的。

一个人是有多绝望，才会狠心到能把自己活活饿死？

别人的苦海无边，你未必就能看得见。

我们总是在不停地羡慕别人的生活，总是幻想能不顾一切任性得像别人一样去活一次。

但是，没有任何一种活法，会像你想得那样容易。

4.

回到《七月与安生》。

全片里有一段台词，说出口的那一刻，就让这部片子跳出了青春片的范畴。

七月在家明逃婚离开她之后，顶着各种流言蜚语，向母亲告别，天大地大，从此四海为家。

母亲抱抱她说："其实不安稳的人生未必会不幸福，只是太辛苦，妈妈不愿意你太辛苦。可其实你也辛苦。女人走什么路不辛苦呢。"

是啊，一个人走什么路会不辛苦呢？

既然怎么活，都会不容易，那就索性去他的你希望他喜欢。

爱别人的姿态，是活成另一个人的样子。

爱自己的本质，是活成自己喜欢的样子。

活成自己，才叫活着。

手握一副烂牌，也要认真打完

你的每一步，都在用不同的方式缔造着不同的你。

1.

一个读者写了一封超长的求助信，核心意思就是，她对这世间的情谊真假产生了怀疑，也不再信任付出就会有回报的逻辑，这都是骗人的。

触发原因是她最近参加的一个婚礼。

她大学里关系最好的闺密最近结婚了，她是伴娘。

在闺密盛大而奢华的婚礼上，她丝毫没有为闺密而感到高兴，反而心里很不是滋味，甚至冒出来一个可怕的念头："她凭什么能嫁得这么好？"

她说："我农村家庭出身，家里穷，在家吃低保，在学校靠助学金，因为起点就比别人落下一大截，所以我在学校里比身边的任何人都努力一百倍，而闺密三天两头翘课，整天只花枝招展地打扮、旅游、社交，考试每次都要靠抄我的答案才能免于挂科。

"毕业后五年，我苦苦奋斗，一步一个脚印，也不过只是做到了一个部门经理的职位，我发誓一定要在大城市扎根，所以一直省吃俭用，衣服都是从淘宝网淘来的，对自己最奢华的犒劳是去西单排队买个炸鸡排，尽管如此，手头的积蓄离着首付依然差了十万八千里。

“而她，只是嫁了一个北京人，就在这个城市安了家，不是说这种图男方条件的女人都不会有好下场的吗？

“可是她老公很疼她啊，只是踩着高跟鞋敬了一圈酒，她老公就心疼坏了，扶着她坐下来赶紧给她揉脚，问她要不要换双鞋……”

我只问了她一个问题：“你闺密当真只是整天游手好闲什么正事儿都没有吗？”

她沉默了一会儿，说：“也不是，她很会穿，很会玩。她只是不喜欢专业课，但是经常到全国各地去泡图书馆，还会从先锋书店和三联书店淘回来一些我们学校图书馆没有的宝贝，还经常拿着剪刀自己改衣服。”

这个世界的生存规则就是这么残酷，出生的那一刻，就决定了人与人之间的差距。

但你千万不要以为，只要给你个跟有钱人结识的机会，就人人都可以嫁豪门。

有钱人都不是傻子。能够让人产生嫁娶欲望的人，靠的一定不仅仅是一张脸。

嫁个有钱人，也得靠努力，而不是长得美美的就可以坐等好运。

那些过得比我们好的人，一定有你未曾察觉的过人之处。

2.

我之前工作的时候，认识了一个外贸部的姑娘，1992 年的，家庭条件不好，能力也一般，但特有野心。

这姑娘，工资全外贸部最低，因为是实习助理，只吃最初级的死工资，没提成。

平常吃饭，她连个盒饭都不舍得买，都是头天晚上在家炒菜的时候加大菜量，分成两份，一份当天晚上吃完，一份装进饭盒带到公司，第二天中午大家吃饭的时候，她就去微波炉那儿热饭。

衣服每个季节标准三套，平均两年做一次更新，每套不出一百块的标准，动物园服装集散地是她的主要扫货区。

住在半地下室，可以透进光来，但是不通风，还是合租。

在这种状态下，通过她的精打细算，她依然能攒下一点钱来，她花钱的去处只有两个：一是报最贵的英语培训班，钱不够就分期付款，通过班里的外籍同学关系去参加上流聚会；二是疯狂健身，疯狂参加马拉松比赛。

她笑着向所有人毫不掩饰地公开自己的梦想：嫁富有的英国老公，生最酷的混血宝宝。

当时公司很多人对她都有诸多非议，说她异想天开妄想攀高枝，说她穷疯了。

她没有什么出色手段，也没有过人的撩汉大法，只是节假日不休地循环往复，只是风雨无阻地绝无缺席。

离职后的一年内，她没有如愿嫁给富有的英国人，但却嫁给了一个将她视若珍宝的中国男人，她新公司的上司，这个男人说她身上有很多姑娘都没有的阳光与热情。

博尔赫斯在《小径分叉的花园》中表达了一个极酷的理念。

你每做出一个选择，你就从一个时空进入到了另一个不可逆的时空，而在那个时空里，还会有更多选择在等你。而正是这些选择，让我们变成了不同的人。

嫁不嫁豪门，要不要江山，其实没有什么值得我们非议的。

理想面前，没有什么谁比谁高尚，只是每个人想要的东西不一样。

但棋盘之上，绝无废子，每一步都会是下一步的机遇和风口。

你的每一步，都在用不同的方式缔造着不同的你。

3.

生活中的很多事，做起来十分枯燥，看上去琐碎又毫无意义，但这不能成为你两手一摊、看天吃饭的理由。

每一件事情，都有它的常规回报周期。

不要以为你只要做了一定的努力，生活就应该沿着你想要的方向马上回报你。

你每做一件事情之前，一定要搞清楚是为了什么。

当别人做了一些你认为并不正确的事情却获取了成功时，当你傻子式的坚持敌不过别人的一个眼神时，先不要着急去掀翻自己的三观，你活着并精进，不是为了向别人证明你能摆脱自己的出身。

阿兰·德波顿在《身份的焦虑》中有这样一段话。

人类对自身价值的判断有一种与生俱来的不确定性——我们对自己的认识在很大程度上取决于他人对我们的看法。我们的自我感觉和自我认同完全受制于周围的人对我们的评价。

很多人看上去勤勉又努力，却总忘记带上脑子。

嫉妒是人性，你无法回避，那就去正视，找出内因，摆正心态，否则你憋得越久，就越容易把自己憋成一个整天怨气腾腾、粗放勤奋的“废物”。

“自己的失败固然难堪，朋友的成功更让你不安”，人人都会嫉妒，但不是人人都会控制嫉妒。

没人拦着你自寻烦恼。

面对与生俱来的资源分配不均，第一步你就要学会接纳。

4.

既然我一出生就被别人甩下八条街，那么我还要撒丫子追赶的意义是什么？

同一桌牌局上，别人手里俩王四个二，我手里一把电话号码，那么我还认认真真打完的意义又是什么？

有的人，生来就是一幅好牌，闭着眼出都会大获全胜，无忧可过一生。

但我们大多数人没有那么好的运气，这个世界的资源分配法则向我们展示了一个确凿的现实：出身与运气面前，并不是人人平等。

我们中的大多数人，手里的牌既不霸气，也不至于死路一条，一生努力，吃苦耐劳，比上不足，比下有余，可能上进了一辈子，到头来依然是平凡中的大多数。

但是我们的出身，我们的家庭，从来不欠我们任何东西。

不要一提家庭就一脸的苦大仇深，一提朋友发迹了你就“有钱就了不起啊？还不是……”。

先天条件不够好，就摆正心态，寻找方法去努力上进。

对我们来说，逾越起点最大的平等就是时间，在同一条时间轴下，去博智慧，拼思路。

一本叫作《把时间当作朋友》的书里，提出一个观点：不同的心智水平会让同样的时间资源在不同人那里产生截然不同的结果。

面对一本昂贵的奇书，“富二代”重金买来，花了一小时乱翻，这期间玩鸟逗猫心猿意马什么都没看进去；而你买不起，厚着脸皮从“富二代”那儿借了一小时来看，这期间你运用自己的系统思考能力，迅速看结构，做出了帮助你解决问题的思维导图。

看上去买书很难，事实上看书更难。

每个人身上的装备不一样，同样需要对付的“怪”也不一样，大家都要面对截然不同的人生。

活着最好的意义，就是通过思维盛宴，不断优于过去的自己。

卡夫卡说，生活中没有侥幸，生活将以铁一般的逻辑，粉碎任何人发自内心的背叛和疏离倾向。

唯有跟自己比，方能体会到什么是进一寸有一寸的欢喜。

哪有什么天生乐观，只不过是不想把脆弱掏给你看

消极的人一旦闲下来，就会影响到其他人。

1.

前几天，我在公号里跟粉丝聊了会儿天，本来只是想看看有多少翻完 A 面翻 B 面的失眠之人，却意外收到了一万多条消息。

更让我震惊的是，会有那么多人，正活得非常不耐烦。

一个女读者上来就说：“小轨姐，我才二十五岁，可是我每个月都会认认真真想去死一次。”

她说：“我谈了三个男朋友，已经结过两次婚，最近新谈了一个男的，都快结婚了却又跑了，他们都是因为受不了我的焦虑，说我太负能量，所以都离开了我。”

“多数时候，我在陌生人面前还是很正常的，可他们是我最亲近的人啊，难道在他们面前我还要装得喜怒不形于色吗？不是说爱一个人就要爱她的全部吗？只爱我笑，不爱我哭，还算什么真爱啊？”

听她这么说，我倒是想起一个姑娘。

这个姑娘给我发了上百封邮件申请给我讲“轨故事”，六个

小时的时间，她一直不停地说啊说，啥故事都没讲，光听见她在唉声叹气，时而说脏话，时而告诉我人活着其实一点意思都没有。

她抱怨前男友狼心狗肺，说好两个人盘下店面一起开个夫妻酒吧，但是他却撇下她自个儿跑了，这件事儿虽然过去 3 年了，但是她还是恨得不行。

她抱怨现在买卖不好做，她把家里给的钱、自己上班的积蓄全砸了进去，但是经营一年了都还没回本儿，她问我是不是自己当初破釜沉舟破错了。

她抱怨店里招的义工没素质，现在的“95 后”一点眼力见儿都没有，虽然不拿工资，但是他们爸妈没教过他们寄人篱下就要学会低头的道理吗……

夕阳西下，她说晚上酒吧要上人了，自己要回去张罗生意，不然就“陪我”聊个通宵。她拉着我的手，说好久都没有人听她这么畅快淋漓地说过话了，她今天很开心。

作为一只猝不及防还要熬夜补活的情绪“垃圾桶”，我一脸尴尬。

一个朋友帮我送她回来之后，哭丧着脸说，小轨，我算是明白你这读者为啥总被抛弃了，听她说了一路话，我几度都想一脚油门下去撞死自己，不想开酒吧就不开，不想谈恋爱就不谈，叨叨那些没用的有意思吗，听得我快烦死了。

每个人心里都幽居着一个负能量怪物，但你不能见谁都放出来

给他们看，你会吓到他们的啊。

2.

一个设计师朋友，做过几本畅销书的封面，所以小有名气，但是性格有时很偏激，发起病来，我们在他眼中就都变成了“愚蠢的人类”。

前不久，一个出版编辑“久仰大名”找到他，两周之后催稿，他说催什么催，流水作业你去找那些三流新手去，出版编辑连连道歉。

一个月后，依然还没交稿，编辑怯怯地又问了一句。

设计师一整天也没回句话，当天半夜1点，封面设计稿出来了。编辑一看，傻了；作者一看，疯了。

大家都蒙了，就这种超级Low的作品，做得连刚毕业的生手都不如，谁也不相信是一个大名鼎鼎的封面设计师做的啊。

这个出版编辑刚好认识我，就悄悄问我：“小轨啊，我知道你跟某某设计师是朋友，想问问你，你说某某交上这么个作品来，我还有必要继续要他再改几稿试试吗？”

我说：“不必。”

编辑一惊：“为啥？”

我说：“你没看到他最近的签名吗，‘快崩溃了……’，很多人一处在这种情绪里就爬不出来，连正常发挥都难，你还指望他超常？”

后来，出版公司换设计师了，朋友知道这事儿后，激动得热泪盈眶，说：“小轨，你太懂哥们儿了，活接了干不成样，我这抹不下面子说改不出来，他那花了冤枉钱怎么改都不合意，到最后只能撕破脸。”

客户眼里，能看到的只有你的业务水平，没人关心你状态好不好，没人关心你性生活和不和谐，也没人关心你三天只吃了两顿饭是不是因为不快乐。

成年人之所以是成年人，是因为只能靠自己兜住自己的不良情绪。

3.

那个设计师哥们儿，一憋不出灵感来就大发雷霆，看谁都不顺眼，但他却有一套自己的治愈方式。理科生有时就是如此变态又如此好玩。

坏情绪就是“大姨妈”。

每当坏情绪到来的时候，他如临大敌。

他会花上三天三夜去玩拼图；会大冬天穿上露腿大裤衩跑得大汗淋漓；会推掉一切社交，闭上伤人的嘴巴，少接活，让自己的脑子和体力充分透支。

更炫酷的是，那段时间听说他被相恋八年的女朋友“劈腿”了，礼金都给了，大克拉钻戒也给她戴上了，女朋友一句“受不了你这种神经病”，招呼不打就跑路了，“一言不合”就披上婚纱跟别人闪婚了。

他悲伤地写了首诗，想象了无数种杀死女朋友的方式，然后发到了诗歌群。

有朋友担心他出事，约了三五好友，提上肉，带上酒，想陪他一醉方休解千愁，却死活没敲开他的门。

结果，他开着车碾压了全北京城的每一条街，早上四点吃掉了四大块冰箱里的陈年老冰块，把艺术范的长发剪成了毛寸，扔掉了家里所有的碳酸饮料，爬上满是荆棘的山弄得一身是伤只为看着夕阳发呆。

终于，三千世界鸦杀尽，与己独坐到天明。

终于，千山我独行，不必再远送。

后来，我们聊起这事儿。我说：“你遇到事儿老这么憋着不找人说道说道，也不怕憋出毛病来。”

他哈哈大笑，说了一句这样的话：

消极的人一旦闲下来，就会影响到其他人。

4.

若干年前，我谈了一场痛彻心扉却又和平分手的恋爱。

那天吃完散伙饭，他帮我刷了碗，然后起身收拾东西，伸手抱抱我，之后拉着行李箱礼貌微笑并对我说了再见。

我一动不动地呆坐在沙发上，蓦地站了起来，疯跑到厨房，打开窗户喊了一声他的名字。

拉杆箱的咕噜声戛然而止，他回过头来，脸上全是泪，说了声，快关上窗，别感冒了。

开窗的一瞬间，寒风直接把我撂倒了。

大病一个月。没有暴饮暴食，没有打针吃药，没找任何人诉苦，感到绝望就立即起床。

这一个月，我写完了一部 9 万字的中篇小说，偶尔出去一次就会把“我看到了的一条狗，它看上去有些伤心”之类的记录下来，看了平日里最鄙视的“玛丽苏”与“傻白甜”韩剧，不停地打扫房间，坐在窗边整理了自己喜欢的歌单和书单，在瑜伽垫上卷腹、跳操，闭着眼睛假装大风起兮尘飞扬，然后跳了一支又一支舞蹈。

一个月后，终于——**起初痛彻心扉地爱着，后来云淡风轻地爱过。**

悲观了，没关系，谁都要经历那段一遍又一遍玩手机的日子，谁都要面对一种与全世界脱轨的糟糕情绪，谁都会突然神经病一样，怀疑自己是不是已经肠穿肚烂、溃败生斑。

这个时候，别着急四处寻医问药，逮着个人就抱怨叹息。

很多你觉得惊天动地的大事，当你急切地向别人大倒苦水时，你能听到的回应，也不过是一声不疼不痒的“呵呵”。

无论遗忘还是等待，无论焦虑还是悲观，都需要你自己驱逐，自己改变。

多少年后，那个要我关好窗的男人，说，我还以为你就是一个天生乐观的人，你跟我在一块什么都无所谓似的，直到你叫我名字的那一刻，我才知道，你其实也是个挺平凡的姑娘。

我说，**哪有什么天生乐观啊，只是不愿意把脆弱掏给你看罢了。**

第二章

对的人，会让你更接近内心深处的自己

我知道你是这样的人，然而我爱你

最好的相伴，永远是接纳不能改变的，改变可能改变的。

1.

我曾写过一篇有关相亲的文章，一个“骨灰粉”娇喘连连地找到了我。

“实不相瞒啊，小轨，我一年前通过相亲遇到了一个感觉非常棒的男人，但现在我越来越受不了他。”

然后她给我讲了原因。

这男的是个平面设计师，起初交往一段时间后，两个人情投意合，深感天造地设，而且未来的婆婆本来反对自己儿子找外地媳妇（男方是北京人），但被耿直的儿子给反驳了回去，“媳妇是给我找的，这个女人我娶定了，谁反对也没用”。

她大为感动，本来三十大几碰上一个三观合的人就很难得了，这男人在大事儿上还这么有主心骨，她顿时觉得自个儿捡到宝了，当时就下定决心以婚姻为目标好好经营这段感情。

但是后来她发现男人烟瘾太大了，一憋创意手上就得夹根烟，赶上思路不通，一晚上能抽上一盒，生活习惯也不算好，进门不换鞋，看过的书乱扔一气。

光是因为抽烟太多这事儿，俩人吵得唾沫横飞直翻白眼。

她说他太自私，只顾自己的嘴瘾，不去考虑二手烟对整个家庭的恶劣影响。

他说她控制欲太旺盛，连这点生活小癖好都要计较，千方百计要改变对方。

她说：“轨啊，我就不明白了，一个男人真爱你，不该主动为你变得更好吗？”

我说：“你能接纳他排斥众议坚持娶你的倔强，为啥就接受不了他通过抽烟来思考创意的工作癖好啊？”

她忙说：“这你说得就不对了啊，轨，我不让他抽烟是为了他好啊。”

“那你有讨厌吃的东西吗？”

“有啊，香菜和芹菜。”

“那按照你的逻辑，我为了你好，为了让你营养均衡，是不是可以坚持让你每顿饭都吃香菜和芹菜啊？”

“那我能掐死你。”

那可不。

抽烟对身体当然不好，但你不能让对方按照你认为好的方向强行去改变啊。

表达爱最好的方式，不是要求与控制，而是影响。

2.

圈内有一个美女作家，暂且叫她幻姑娘吧，因为她写东方玄幻类的文章。

幻姑娘谈了一个我们大家都有点不太看得上的男朋友。

有一次带出来跟我们一起聚餐，韩国料理。

餐厅先给上了一份炒年糕，幻姑娘点的，我们都知道，这是她的最爱，上次一起进修的时候，她连着吃了十四天都没腻，还抹着嘴说这是世间仅次于泡面的人间美味了。

结果炒年糕刚落桌，一眨眼的工夫，就被幻姑娘的男朋友一筷子上去风卷残云了，还吧唧嘴啊。

怎么回事？不应该是菜上齐了然后大家掩面含羞地谦让一声“要不开动吧？”再敞开肚皮厮杀吗？

一桌人都震惊了，假装什么都没看到，齐刷刷扭过头去聊起了“你家哈士奇什么时候坐月子”的话题。

敏感的幻姑娘马上察觉到了问题，笑嘻嘻地用肘部顶了一下正吃得津津有味的男朋友：“哎，这家炒年糕味道怎么样？”

“嗯嗯。”男朋友连连点头，满意之情溢于言表。

“那行，这盘归你了，我再叫一盘，这么好吃，一份哪能够啊。”

说完，幻姑娘趴在男朋友耳边小声嘀咕了几句。

男朋友脸一红，中途去了趟洗手间，悄悄把单买了，这期间几度谦让，没再抢，没再吧唧嘴，一直在乐呵呵地帮着转盘，估计压根也没吃好。

大聚会散掉之后，几个关系密切的姑娘把各自的家属打发走，在咖啡馆坐了下来。

“不是我多嘴啊，但这家伙什么都不懂，跟个火星人似的，太奇葩了，实在是配不上你啊。”其中一个姑娘忍不住发话了。

“嗯，他确实不够好，但他很可爱的。他做手机 APP 开发的，从小没了父母，话也不多，每天都宅在家里写代码，我呢，就宅在家里码字，你说是不是绝配？”

说完她哈哈大笑，幸福得像个小傻子。

“你真不觉得带他出门给你丢人啊？”有人问道。

“有啥丢人的。我老公会写彩票代码，会写游戏，你们老公玩的手游，说不定就出自我老公之手，这要是让你们老公知道了，说不定得求着我老公收下他们的敬佩呢。”

“但没点生活常识也太尴尬了。”

“没关系，老天都给了写代码的绝世武功，就不能再给他人前逢迎的八面玲珑啊，再说这些是可以教出来的，他不知道的，我告诉他，他不会做的，我做给他看，慢慢就越来越好了。”

满座响起“啪啪啪”的鼓掌声。

能让对方感受到包容与接纳，才能让对方感受到爱。

恶语相向地指责只能恶化情感关系。

没有良好的互动就没有安全感，每一次强求改变都容易反弹成

一种你不够爱他的反叛。

3.

经常有读者会跟我说，轨姐，我就想找一个你这样的姑娘做女朋友，通情达理、善解人意。

嗯，你要是真跟我交往起来，你早就一榔头拍飞我了。

我写起稿来，闻不到煳锅的味道；我几乎记不住所有人的生日；我有一次打“斗地主”把“炸”当“三带一”扔下去了；我一旦卡文，就爱四处找松鼠打架。

不居家，不细心，神经大条……“二货”有的毛病，我一个不落。

有一天我在百爪挠心地写文，男朋友突然在瑜伽垫上绕圈乱爬，像一只情绪不佳的小母狗，还时不时地抬起头来朝我发射怨恨与惆怅的眼神。

我不理，稿子都还没写完，谁打断我思路我咬谁。

他终于爆发了，背起我的大尾巴猴小背包，扔下一句“我要离家出走”，就要气哼哼地出门。

我这才意识到问题的严重性。

我立马追上去，挡在他面前，按捺下想要暴揍他一顿的怒火，温柔地问：“怎么了这是？”

“你自己想！”他显然很占理，不然也不会嘴巴噘得能挂油壶。

嗯，我忘记那天是他生日了。

那天，没有生日蛋糕，当然也没有生日礼物，我厚颜无耻地陪他吃了个饭，说了一句干巴巴的 Happy Birthday。

所以，想想看，如果你媳妇或者你老公忘记了你的生日，你会怎样？结婚纪念日呢？泰迪过百日呢？

那你就是不爱我！

冤枉啊！

乖乖，原谅这世界上很多像我一样神经大条的人吧。

专注一个月写完一本书就是个优秀的姑娘，那因为太专注而忘记一个人的生日就不可原谅吗？

他熬夜陪你煲电话粥就是体贴入微，但因为加班没能早点回来陪你就变成了没心没肺吗？

其实对方够不够爱你，你的生活品质与自身发展就是很好的衡量标准。

谦让、包容、鼓励与精进，都在让我们成为更好的彼此。

日子在蒸蒸日上，你在越来越优秀，我不完美又怎么了？

你在阳光下看她“犯二”，没有惴惴不安，反而觉得好玩，她“二”点儿有毛病吗？

4.

别人家的老公每天都说我爱你，你老公只会木讷地端上一碗热腾腾的荷包蛋面；别人家的媳妇叱咤风云年入千万，你家的媳妇朝九晚五有事儿就往你怀里一钻；别人家的媳妇任他在外边逍遥快活，你家的媳妇你十点不回家就“嘤嘤嘤”很失落。

每个人表达爱的方式不一样，但有一点一定是一样的，那就是：他爱你，就会更怕你吃苦受累，所以总是希望自己多付出一些。

只是有的人善于表达，说得好做得也好；有的人嘴笨，说不出来，但一直在默默盛开；有的人更看重陪伴，所以挣不了大钱只能端给你一碗面；有的人更看重事业，所以颠沛流离只为了能每个月多看你一眼。

你有点小懦弱，你有点蛮横，你有些不解风情，你有些脸皮厚不怕蚊子叮。

没关系。

最好的相伴，永远是接纳不能改变的，改变可能改变的。

你不需要面面俱到，也不需要八面玲珑，这世上的完人都活在屏幕里，而我只想能伸手触摸到你，只想让你在我面前成为你自己。

我知道你是这样的人，然而我爱你。

你若有趣，爱上一辈子也不腻

一辈子很长，要跟有趣的人在一起。

1.

邻居业主老王的老婆芹菜姑娘突然飞来了大理，作为一个地道的老婆奴，他不忘再三叮嘱我多多“陪驾”，照顾好他的“爱妃”。

因为两口子常驻北京，只是偶尔回大理一趟。

芹菜来我家拿钥匙的时候，我不太厚道地暗暗“咯噔”了一下。

眼前的芹菜姑娘跟我预想的不太一样啊，怎么说呢，有点……普通。

而老王“大土豪”在瑞士大使馆附近有套豪宅，八达岭高速沿线上还买了一套别墅，自己有公司，为人风趣，颇有女人缘。

我们之前都猜想一个女人得多厉害才能降服这种看惯风月的老油条。

所以，第一次见芹菜，着实让我吃了一惊。

一进他家后院，芹菜就冲着鱼塘飞奔而去，掰着指头数了一遍又一遍。

她转身对我说：“小轨，好像少了一条最大的黑鱼。”

我纳闷，怎么能少呢，就算死了也得有鱼尸漂上来啊，于是我们俩拿起渔网一通折腾，但还是没发现那条黑鱼的影子。

芹菜失落地一屁股坐在了沙发上，缓缓抬起头来，说："你说会不会被野猫跳进来吃掉了？"

我摇摇头："大鱼最贼，不可能别的鱼安然无恙，就死它自己。"

直起身子，芹菜开始跟我探讨各种黑鱼失踪的可能。我笑着说："别忙活了，你就直接跟老王说，黑鱼死了吧，怎么死的不重要。"

"不行，不行，要说也是跟老王宣告黑鱼失踪了，不能说死了。"她掏出手机，眼神异常坚定。

"为啥？"

"要48小时候之后才能宣告它死亡，这样放弃搜救的时候，黑鱼也不会太伤心。"

哈哈哈哈，这绝对是我今天听到的最认真的笑话。

我一瞬间明白了为什么老王同志唯独对这位芹菜姑娘多年来一直神魂颠倒。

一成不变的任何，都特容易让人感到腻。

而一个有趣的人，往往对这个世界上的一草一木都倾注着极大的热情，他总是能冷不丁地用自己细腻的感受力搅动一下你沉闷的生活。

2.

王小波说过一句话，被文艺青年奉为择偶标准。

“一辈子很长，要跟有趣的人在一起。”

王小波长相有点吓人，他的妻子李银河说：“他的长相……实在是种障碍，差一点就分手了。”

作家刘心武也说王小波的长相：“不客气地说，觉得丑，而且丑相中还带着一点凶样。”

但就是这样一张丑脸，王小波跟刘心武聊上半天后，刘心武说：“一开始对话，我就越来越感受到他的丰富多彩。两杯茶过后，竟觉得他越看越顺眼，也许因为，他逐步展示出了他优美的灵魂。”

就是这样一张丑脸，他给李银河的情诗里写道：

“告诉你，一想到你，我这张丑脸上就泛起微笑。”

皮囊再好看，经不起岁月的摧残，而有趣的灵魂，却越打磨越精彩。

3.

只是很多人总是过着过着就把自己过无趣了，把日子过没劲了。

一个插画师朋友，最近陷入了失恋的巨大悲恸中，他女朋友我认识，会日语，特漂亮，很阳光的“90后”姑娘，曾经跟我探讨过如何治愈失眠。

他说自己很迷惑，因为女朋友并没有喜欢上别人，分手理由只是，觉得他越来越没劲儿了。

什么意思？这一年不到就厌倦了？太快了点吧？

他难受，问我："轨姐，我是不是特没意思？"

"也不是。"我认真回想了一下，答道。

"也不是？"他显然懵了。

人与人之间的交往，是一场相对运动式的探险。

起初，你能画一个妖魔化的小公主，会带她去吃全城最横老板娘的私房菜，她每天会被从未见识过的世界惊呆，就不断地翻滚在惊喜的海洋中，不断地把你塑造成一个好玩的人。

但当你耗尽体内储藏的有趣部分，以为一劳永逸可以收工了的时候，她内心设定好的人物形象就会瞬间崩塌，"啊，原来你和我想的不一样啊。"

亲密关系中的两个人，不可能止步于你目前拥有的魔法世界。

越深入交往，越容易触发价值观的碰撞。

这个过程中，你要么不断提升自己，给对方保持一个永恒可探索的未知世界，要么就会在对方快速跟随的相对运动中死于静止性毁灭。

4.

所以有趣并不是一个固定的值，也不是一个一劳永逸的事。

你看完笑话大全、糗事百科，精心准备几个段子认识了一个妹子或汉子，那只是有趣的开始。

日语中有个词，叫作“成田分手”，用来形容日本很多新婚夫妇结束蜜月旅行后，随着飞机降落成田机场，二人关系也以分手收尾。

经不起时间考验的有趣，生活就会还给你一个无趣的结尾。

有趣是一辈子的经营，有趣像一个银行账户，你得不断往里存储，才能不断往外使用。

饭桌上，有人问帅帅的他，为什么喜欢你老婆啊?

他扭捏地望了一眼对面正在火锅里“秋风扫落叶”般捞肉的媳妇。

她点菜时不说“随便”。

就这样啊?

就这样。

其实点菜时不说“随便”的背后是他这个吃货老婆旷日持久地尝试不同的烘焙手法，总能做出各种色香味俱全的美食；是她每到一个地方总能找到舌尖上的美味所在；是她每天都能想出新鲜的点子，让这一天在轻松愉悦中度过。

是她在大家聚餐时，永远不忘单独跟自己的老公碰杯放电走一个。

一个有趣的人，支撑她的是一整个鲜明的世界。

想起克林顿对希拉里的一句评价：“After all these years, we are still very much interested in each other.”（这么多年过去了，我们依然对彼此很感兴趣。）

一个有趣的伴侣，最高价值不是让你每天开怀大笑。

而是在每一次生活细节的同进退中，都会让你有所收获。

所以，你若有趣，爱一辈子也不会腻。

追求你，不等于低你一等

白头偕老这件事，有关忍耐，有关彼此尊重与彼此成就。

1.

昨天去图书馆看书，碰上一个叫妍妍的姑娘，她说自己不住这个小区，只是最近感情受挫，刚辞掉北京的工作，想在这面朝大海疗伤。

一听同是天涯“北漂”人，于是我们多聊了会儿，妍妍情绪有些激动，说：“我就不明白了，好好的一个男人，为什么才几天工夫就能变成这么一个‘大渣男’？”

妍妍口中的‘渣男’，跟她是同事关系，大妍妍六岁。

俩人共同在北京一家创意公司打拼，妍妍外向活泼，是客户经理，男朋友高瘦寡言，是设计总监。

妍妍长相清纯，笑起来像一串风铃在秋天飞驰。

所以，内向的设计总监对妍妍一见倾心，天天早上往妍妍的工位上放豆浆油条，“女王心”的妍妍乐开了花，她就喜欢这种不善言辞的暖男。

起初男朋友非常体贴，信息百分百秒回，任何应酬都提前汇报，大小节日都有礼物，平常大件交给洗衣机，袜子内衣交给男朋友手洗……

就是这样一个把妍妍宠得无法无天的男人，才五个月不到，竟然主动提出分手，说性格不合，受不了妍妍的蛮横霸道不懂事，更受不了她跟他回老家时当着他妈的面对他颐指气使。

妍妍完全回不过神儿，“你一开始怎么不说不合适啊？”“不是你说就要惯着我吗？”“不合适你当初干吗追我啊？”

然而，无济于事。

男人不像女人，喜欢拿分手吓唬人。

第一阶段，他们见色起意；第二阶段，交往一段时间后，开始理性认识一个女人的全貌，持续忍耐，持续微笑，持续磨合；第三阶段，一根稻草砸下来，发现确实不行，就提分手。

这种分手，不带任何情绪，却比刀都锋利。

进入第三阶段后，**如果女人还要把自己男人当成一个无须体谅的高级用人，不分手才怪。**

2.

出版圈内有一个编辑朋友，出了名的好男人。

他跟女朋友网恋认识，姑娘也是十分奔放，相处到火候后，二话不说就拉着行李箱来找他同居，他登时就蒙了。

野蛮女友心怀天下，认定自己仙女下凡来临幸凡人了，对他各种使唤不说，一句话没说到她心里去，她就一声不吭要收拾行李箱回老家。

能够奏效的挽留方式也很简单粗暴，就是朋友得跪下来哭着喊着求她。

有一天，朋友突然辞职了，工作换到了离家三小时单程远的怀柔，从此他需要早上五点起床做饭，晚上十点到家洗碗。

周末叫他出来一块吃饭，他整个人头发都飞了起来，眼睛里空荡荡的，接话都慢半拍。

有哥们儿看着心疼，骂他一句大傻子，问他原先公司就在家门口，起床下楼一遛弯儿就到公司的好差事，干吗跑到那么偏僻的地方去遭罪。

他望着火锅里的羊肉出了好大一会儿神，说："她辞职了，我得多挣点儿，新工作比原先的工作多五百块钱。"

羊肉送到嘴里，眼泪呛了下来。

这样一段一个愿打一个愿挨的感情，竟然持续了四年。

而四年之后，他把身上所有的钱都给了她，条件只有一个，求她放过他。

他跟我们说，那段日子，像是活在地狱里，他拼命工作，但她总是不停地跟他发脾气，直到有一天，他想放弃。

前不久，我们去参加他的婚礼，那个女孩也去了。

她坐在我们这一桌，妆容精致，衣着光鲜，看到朋友在台上跟新娘夫妻对拜，她冷笑了一声：“呵，男人，就这么回事，说的那些陪你长大、宠你一辈子的话，都是屁话。”

一桌人沉默了，有人带头敬她酒，她愣了一下，突然大哭了起来：“你们敬我干吗？你们敬我干吗啊……”

思君令人老，岁月忽已晚。

人人都听出了她的话有多酸。

女人总是喜欢想尽办法通过“作”，来考验一个男人到底够不够爱自己。

却常常因为高估男人的忍耐性，就“作”没了对方最后的期待。

3.

《甄嬛传》中，华妃被打入冷宫。

佳期不可再，风雨杳如年，万般不甘，笑叹情浅。

甄嬛回她：“纵使皇上对你有真感情，也被你无休止的专横跋扈耗尽了。”

这句话，直插心脏。

纵使你风情万种，纵使你国色天香。

一个女人，一直蛮横，长期跋扈，早晚会让一个曾百般疼爱你的男人拔刀相向、不念旧情。

一个男人从什么时候起，会爱着爱着不爱了？

当你离家出走他不再着急找你，当你们有了矛盾他不再主动和

解，当你一发脾气就说狠话时他不再对你嬉皮笑脸。

一段感情，就进入了消耗与反思期。

成长是需要改变的，你不改变，就不要怪别人改变。

4.

电影《尽善尽美》中。

孤僻的作家对一个服务员女主表白时说：“You make me want to be a better man.”

一句“你让我想要成为一个更好的人”，诠释了什么才是相濡以沫的爱。

男人在战场杀敌，你无须运筹帷幄，但至少不去倒戈；男人一朝落寞，你无须扭转乾坤，但至少不内院点火。

无论心智还是情商，两个人在一起都需要不断完善与提升。

一个家庭的成长，需要小公主的情趣，更需要大将军的格局。

一个男人一生中，一定会遇到一个特别的姑娘，特别到可以打破你的原则、改变你的习惯、成为你的例外。

那一刻，你感觉你可以为她死，你不知道怎么宠她才好，你只是闷闷地说，跟我走，鸡腿管饱。

他对你表达喜欢，不代表那一刻铁定成为永远。

他主动追求你，不代表他就低你一等，就活该被你一辈子当驴使唤。

对男人这种物种来说，追求，只是一种求偶仪式，类似孔雀开屏。

所以，你也别指望孔雀能不停地开屏博美人一笑。

我见过很多姑娘，在分手之后会指责前任是“渣男”。

但一个男人“渣不渣”，不能以能否长期忍受“不平等条约”为衡量标准。

白头偕老这件事，有关忍耐，有关彼此尊重与彼此成就。

对的人，会让你更接近内心深处的自己

爱一个人的本质就是羁绊。

1.

我曾经爱上一个很酷的人。

他比我高一届。我知道他是一团烈火，但是我甘愿做一只扑火的蠢蛾子。

得知他如我所愿地分配到了我所在的城市实习，我高兴得狂喜乱舞。

晨光袅袅，我爬起来第一件事儿就是去大学城给他买被褥；半城风沙，我灰头土脸地捂着热豆浆去他寝室楼下送早饭；正逢端午，我端茶倒水讨好餐厅大妈只为能蹭个原料为他亲手包一个粽子；冰天雪地，我接着自来水管的刺骨冰水给他洗袜子和牛仔裤。

舍友闻之嘴一撇："你变了！你这是在养儿子吧！也没见他为你做啥。"

我说："你懂什么，他就是酷得这么不寻常。"

他说他爱别人的方式，就是给别人照顾他的机会；他说人与人之间是不能沟通的，所以从来不会主动给我打一个电话；我几次三番问他爱不爱我，他轻吐烟雾反问一句“你说呢”。

我一直以为自己遇上了一个特别的人。

直到，他前女友回来找他。

他跑前跑后，满脸堆笑，殷勤的摇着一条雀跃的狗尾巴。

他给我的分手理由是，你的属相，克夫。

我顿时感觉胸口好像被恶心的东西狠狠闷了一拳。

于是，山河永寂，我从此收起了特别想把“下雪了”马上告诉一个人的幼稚。

我书读万卷温文尔雅，我一笑倾城念卿天涯，但我只有一个缺点，我不是她。

人，是不能被替代的。

不可替代的喜欢，就是血染江山画，不抵她眉间一朱砂。

2.

后来，我也变成了一个很酷的人，然后遇到了他。

相思入骨，我不肯说想他，他只说锅里煨着汤，少年已断肠；月下饮茶，我说怕太用力会烧死他，他说跟你在一起，我连活着都不怕，还能怕什么儿女情长？

人人都知道死心塌地爱一个人是不明智的。

但人人都像这世间的聪明人一样情浅言深、不行就换，那谁来拱手山河讨你欢，谁又能陪你横刀立马在云端？

有人熬一碗鸡汤，告诉你爱一个人绝对不能倾尽所有；有人示一身情伤，笑天下痴情人头破血流。

爱一个人有一百种方法，但有些人除了竭尽全力，其他怎样都学不会。

你长跪不起，摆满鲜花，她蹙眉一笑，说你是在裹挟她，于是冷艳地说不。

Mr Right 给她发来短信，“见一面？”，她娇羞一笑，浓妆艳抹，隔着万家灯火，都能听见她的娇喘连连。

你觉得她贱，可是人家只贱给一个人看。

爱一个人的本质就是羁绊。

所有的潇洒与酷，都是因为心中有一个不太爱你的包袱。

3.

一个月前，一个男读者焦虑地给我讲了一件略带羞涩的事儿。

他说，“虽然这事儿有点难以启齿，但是确实影响了我的生活。”

我大惊，生怕有人又来我这儿讨论阳痿早泄尿分叉。

然而，并没有。

他说，跟女朋友相恋 3 年，感情一直不错，床上生活也十分和谐，不管他俩闹了啥矛盾，向来都能“一觉泯恩仇”。但是最近一个月来，女朋友突然不让他碰了，他主动亲热一下，就换来一句“我都要累死了，你怎么一天天就光想着这些事儿”。

他不安地问我：“这正常吗？还是我想多了？”

我说：“你跟她谈过吗？”

他说：“我尝试过，问她是不是有什么想法了，但她拒绝回答，还说我整天就知道胡思乱想烦她。”

我说：“没有无缘无故的冷淡，沟通不了就提前做一下心理准备吧。”

果不其然。

昨天，他哭着跟我说，女朋友离奇失踪了，她说自己可能有了喜欢的人，所以他越对她好，她越烦。但是他又没犯错，她实在找不到离开他的借口，就一直纠结，直到留信出走，再不回头。

有人说，我男朋友是高管特别忙，所以他出差一个月只给我发了一条短信也正常吧？有人说，我相亲遇到了一个人，各方面都不错就是有些冷静，但毕竟大家都是成年人了谨慎一点若即若离也正常吧？

不好意思，这不正常。

如果他认定你是对的人，即便他是玉皇大帝，也会见缝插针地惦记一下王母娘娘的一日三餐、头疼脑热。

十分默契的两个人，对彼此来说，既是天使，也是魔鬼，谁也不会比谁更高贵。

4.

沈从文给张兆和写过几百封情书，他说：“我行过许多地方的桥，看过许多次数的云，喝过许多种类的酒，却只爱过一个正当最好年龄的人 。”

梁启超与李惠仙做了一辈子夫妻，只吵了一回架，梁启超却为此悔恨终生。妻子去世后，梁启超写下“今我失君，只影彷徨”。

瞿秋白与杨之华分别在即，看见妻子醒来，瞿秋白便把十本黑漆布面的本子分成两半：“这五本是你的，这五本是我的，我们离别了，不能通讯，就将要说的话写在这上面，到重见的时候，交换着看吧！”

杀死爱情的方式很多，但成就长情的方式却无一不是时时牵挂。

如果你找不到一个对的人，那么无论换多少人，他们都是你郁郁寡欢的替代品。

如果是对的人，她一定会让你更接近自己的内心。

当女人发飙时，聪明的男人往往不接招

两个人真想要过一辈子，没有什么东西，是值得你大动肝火的。

1.

一个男读者，从微博里发求助私信，说最近对婚姻完全没有了信心，他说他一点都不想离婚，但是面对一个整天歇斯底里的老婆，他真的快崩溃了。

他给我讲了一件最近发生的事儿。

上周他俩结婚三周年纪念日，两个人欢天喜地手拉手逛商场，计划先吃个中饭，然后一起给媳妇挑个新项链做礼物，结果吃中饭的时候，包却被小偷顺走了，里边的卡、钱，全没了，最后什么都没买。

两个人神情恍惚地去了商场保安部，又去朝阳派出所报案，之后一路上阴森着脸互不搭腔，情绪持续发酵，到家后激烈开火了。

她："我就说在家吃完再去商场，你非去商场吃。你但凡听我一次，也不至于发生今天这种事！"

他："我不是想请你出去吃个大餐吗？我又不是神仙，谁能想到被偷啊！"

她：“没有餐厅内的座位我们可以换一家啊，你就是能将就！你这辈子有主意正确的时候吗？你不说坐外边也行，我们能被偷吗？”

他沉默三秒，如往让步：“我错了，老婆。”

但是，也不知道从哪一次开始，无底线让步已经不好使了，他老婆一听更火大，愣了一下，扔下一句“说这些还有什么用”，就走了。

他问我：“轨姐，到底谁错了？我不觉得我有错啊，这不都是生活中谁也不想碰上的糟心事儿吗？但是‘鸡汤’里不都说男人应该让着女人吗？不都说不管是谁有理，只要男人先认错事儿就解决了吗？这些招数真坑人，完全不好使啊，女人就没个知足。”

我说：“你老婆的问题明摆着，我不想多说。而你，看上去好像没做错什么，但是最大的问题是，**在对方情绪爆发时，不该愚蠢到被她的情绪带着走。**”

一段婚姻，只要你还真心想要，那么你要在对方发飙时掌控好两点要素，且顺序不可打乱：一是解决情绪；二是解决问题。

2.

有个哥们儿，自个儿开着公司，结婚八年，跟媳妇之间几乎没红过脸。

这事儿摆在饭桌上，大家都觉得他在吹牛，天底下哪有不吵架的夫妻啊。

他媳妇在一旁笑着搭腔了，说，不是天底下没有不吵架的夫妻，而是天下没有不闹矛盾的夫妻啊，这样吧，我给你们讲个小事儿。

刚结婚那阵呢，我不会做饭，也没有吃晚饭的习惯。基本上都是，每天下班后我在楼上看电视，我老公就在楼下做饭。

有一天，咖喱饭热锅里了，他接到快递电话要出去，出门前叮嘱我帮他看着点儿，我“哦”了一声就继续看电视了。

结果，他拿完快递后又接了一个工作电话，长达1小时，我“哦”完之后就把这事儿忘得一干二净，等他一进门的时候，就惊叫一声：“我天，煳锅了！”

我第一个反应就是完了，他得怪我了，我跑下楼的时候看到他在水池边收拾锅，脸上的表情明显是一副生气又强忍住不发作的架势。

我迟疑了一下，说了句“我忘了，对不起啊”。他就跟没听见一样，不搭理我，然后晚上跑出去草草吃了个盖饭，开车回来的路上一句话都没说。

我也火了，心想多大个事儿啊，就跟我摔脸子，我想煳锅吗？气得我索性也不理他了。

晚上睡觉前，我越想越来气，坐在床边哭了起来。

他坐在我旁边，拉着我的手，说：“老婆，你伤到我心了。”

我当时就火了，心里想，什么叫我伤到你心了，开启咆哮加狼嚎模式：“我愿意煳锅吗？允许你忘了，就不允许我忘了？你凭什么把这事儿赖在我头上！”

他拿起纸巾擦了一下我脸上的眼泪，说：“不是这样。”

“煳锅有什么，大不了咱再买一个，以前你说你不吃晚饭，但是我还是怕你饿着，所以每天都会给你切一盘水果，但是你并不担心我饿着，不然也不会把我的饭这么不放在心上。”

我一听，心疼坏了，也不哭了，我说我没有不在乎你啊，各种解释，各种认错，而且完全不觉得认错跌份儿，真是奇了怪了。

后来我才明白，一直以来，只要出现争端，他从来不在我的情绪线上跑，而是冷静地向我表达他对一件事情的感受。

真乃神人啊。

当女人咆哮时，聪明的男人才不会接招。

只要在对方的情绪线上走，进则血雨腥风，退则被欺成性。

只有跳出对方的情绪线，心平气和地谈出自己的感受，才能触发真正有效的沟通。

3.

刚工作的时候，遇到过一个印象很深的姑娘。

恰逢周末，几个还在试用期的姑娘想一起出去爬山，允许带家属，于是有男朋友的姑娘就把男朋友都叫上了。

结果人都到齐了，唯独这个姑娘的男朋友迟迟未到，所有人都在等他，半小时后，姑娘脸上挂不住了，说："要不，你们先走吧，我自己等等他就行，我们一会儿就追上来了。"

后来，大家讨论出方案，留下我陪她等（大家都知道我跟她关系比较亲近），大部队先上路。

于是，我陪她又等了半个小时，这期间她没有打一通电话，只是焦虑地不断看手机，终于，她男朋友出现了，带着一脸的歉意与小心。

我当时以为她肯定会破口大骂，毕竟，集体活动，就他一个人迟到让她在大家面前多挂不住脸。

但是，我只看到她快步地迎上前去，说："你今天科里的实验是不是太多了？要是忙不过来，你不必答应非要赶过来的，实在不行我可以直接告诉你地点，你忙完直接赶过去就行，集合是为了大家行动方便，不是为了都不方便。"

她男朋友听完，脸"刷"地就红了，一把抱过她来，眼泪在眼眶里直打转。

那一刻我瞬间明白，这姑娘不断看时间的焦虑，不是在酝酿情绪，而是在担心自责。

能够良性运转的恋爱关系，彼此之间靠的不仅仅是不顾一切的相互爱慕，更是需要真诚地指出对方的问题，并告诉他怎样去改正。

两个人相处，出现矛盾没什么好怕的，坦然接受，理性讨论，想办法解决就好。

4.

只要没闹矛盾，人人都看上去理性又正常，人人都觉得自己并不“毒舌”。

而现实是，我们身边随处充斥着各种言语讽刺、人身攻击和一些不负责任的结论，而这些所谓的“一时失口”，给亲密关系带来的精神创伤，甚至比肉体的伤害更残暴。

克里希那穆提说：**“不带评论的观察是人类智力的最高形式。”**

很多人在发生矛盾时，本意并不是不想沟通，而是在沟通的过程中，会把观察和评论混为一谈。

当对方咆哮时，如果你说了一句“亲爱的，我们这样吵不解决问题，而且你这样吵让我很难过”，这就是观察事件的感受；如果你说了一句“吵什么，就你这种女人这种态度，压根就是不想过了”，这就是顺着对方情绪线的评论。

如果你不表达观察与感受，而是进行评论与批判，那还不得打个你死我活、婚姻破裂。

有时候，我们会奇怪，当一件事情发生时，你明明觉得委屈，为什么对方却丝毫没有歉意呢？

因为人在听到批评时，第一反应往往是反驳啊。

你走到街上去，看到很多衣着光鲜的情侣来来往往，但是又能有几对，可以从街头，走到巷尾。

两个人真想要过一辈子，没有什么东西，是值得你大动肝火的。

无论你是豪门巨富，还是凡夫走卒，步入婚姻，步入朝夕相处，就不可能逃开那条焦头烂额的磨合之路。

不管三七二十一，只管摆事实讲道理血雨腥风地对吵，那就永远别想解决问题；如果只是一味盲从认错不去解决问题，时间久了你的女人会一边欺负你一边嫌弃你无能。

人人都有情绪失控的时候，但是人人都能拎得清最基本的道理。

当她发飙时，千万别接招。深吸一口气，等她抽过这阵风，你给她一个解决问题的更高视角，她自然知错，高下立见。

有男读者看完肯定要不乐意了：凭啥一闹矛盾，非得要我们男人这么让着女人。

这哪是让啊，这可是失传已久的绝技。

你没发现，恰恰如此，你才能做一个引领女人的男人吗？

真的对你好，不会对你使那些虚头巴脑的花招

最令人不齿的情感关系便是，点滴看回报，分和皆利益。

1.

一个男读者跟我抱怨，现在的“渣女”太多了。

他说自己这些年一直没碰上合意的姑娘，一晃三十了，就开始着急忙慌地相亲，但是让他气愤的是，相了近100次亲，遇到的全都是打着相亲的名义骗吃骗喝的女人，一个个就知道践踏他的好。

更可气的是，好不容易交往了一个女孩，饭也吃了，电影也看了，花也送了，相处了3个月，女孩还是跟他分了，他气得去女孩的公司楼下去大闹，说她骗他钱。

我听完，气得差点吐血。

一个姑娘跟你初次见面，喝了你一杯咖啡吃了你一块点心后，就应该两眼一闭当场跟你把证领了？你当是在玩一个“用一块馒头兑换饥荒少女”的游戏呢？

不排除确实有人会“打着相亲名义骗吃骗喝”的可能，但是这年头有多少女人生活落魄到甚至需要骗吃骗喝才能活下去的？

若不是为了寻找对的人，又有多少人会闲得没事愿意把自己的时间一次次花在一个陌生人身上？

你说别人践踏你的好，你当真知道怎样才算是对别人好？

真心想对一个人好，是会傻到连自己都控制不了，哪还有心思去算计付出几分好，什么时候往回讨。

最令人不齿的情感关系便是，点滴看回报，分和皆利益。

2.

之前安利过一个电影，《一个叫欧维的男人决定去死》，里边有两个触动人心的场景。

木讷的欧维，在火车上偶然借了只有一面之缘的女主角的钱。欧维心有好感却不表达，每天机械重复地去坐同一趟列车，直到再次遇见她为止。

相遇后欧维第一个反应就是耿直地还钱，女主粲然一笑，你可以请我吃饭啊。

两个人第一次约会，欧维竟然自己在家吃饱才赴约，于是在餐厅发生了第一个场景。

“是吗？你为什么在家吃？”

“那样你就可以点你想吃的了。”

惊诧啊！你见过一个男人跟女人约会前会一个人在家吃饱了再赴约吗？

为了让自己喜欢的女人能够随心所欲地去点自己喜欢吃的菜，欧维这么干了。

这个耿直的男人不会说出类似“你点的我都爱吃”这样的甜言蜜语，但是他用自己的方式秒杀了世间所有为博芳心的表演。

第二个场景，索尼娅告诉欧维自己怀孕了。

荧幕面前的我们，那一刻从欧维脸上看不出任何应有的喜悦，我当时甚至怀疑欧维可能不太想要这个宝宝，结果这个耿直的男人转身就去做宝宝摇篮了。

真想对你好，完全没法抖机灵，只会闷着傻劲儿想着做点儿啥能让你开心。

每一段感情刚开始都妙不可言。

谁一开始也不会上来就把自己不可说的一面给你看，但是一时兴起有所图谋的好，都会随激情退潮。

掏心掏肺的好，也许你看不出强烈的心动，但却能感受到长久的心安。

3.

立秋那天，我跟一个女画家去看演出，她拖着长长的大裙子站在我左手边，突然收到一条短消息：立秋了，别着凉。

前夫发来的，她兴奋地举着手机在我脸前晃，说：“看吧，他还是对我好的。”

我回她：“好个屁。”

显然她挺健忘的。两年前，她前夫喜欢上了一个女大学生，毫不避讳地找到她，“理性”地给出两条路：要么离婚她搬出去，要么别管他晚上在哪儿睡。

她恨得牙痒痒，但又不敢惹他，只好果断离婚，但是我们都知道她爱前夫爱得死去活来，全是一些“再也不会这么爱一个人了”的阴谋论，不久后前夫再婚了。

之后她隔三岔五会收到前夫的短消息，主攻两个方向：给她一些漫不经心的性暗示；感叹婚后无奈，留恋前尘往事。

于是，她把这一切都归咎于她心爱的男人被别人勾引了，甚至还跟前夫偷偷摸摸地又腻歪了几回，完事前夫再三警告她不准让他现任老婆知道。要是她敢满怀希望地表达一下复婚的念头，前夫就会像突然去世了一般销声匿迹上大半年。

奇葩的是，这并不妨碍，寂寞的时候，前夫会再找她，所以她认为他心里还是爱她的。

进演出厅之前，她一脸含羞地扭捏看着那条消息，问我：“轨啊，你说，我要怎么回他？”

我说：“你就回个，去你二大爷的。”

她一惊，哈哈大笑，说：“真的？”

我点头，说：“你试试。”

于是她回了，从此前夫是路人。

我每天在后台都会收到上百条消息，遇到过很多年轻姑娘喜欢已婚大叔的情况，她们都向我强调一件事情，就是大叔虽然有家室，但是对我是真心好的，这些是假不了的，这种情况下，姐姐我该怎么办啊？

我说，喜欢人不犯法，但是一个已婚男人真的对你好，就一定会给你一个走在阳光下的结果。

后来，那些嘘寒问暖的好，那些陪你周游列国的好，那些进退两难的好，都在婚姻危机爆发的那一刻，毫不犹豫地把你率先炸成了见不得人的牺牲品。

有些好，只是睡完你拍拍屁股走人前的必要。

4.

每当我一个人走在四下无人的街道上时，会想起如流岁月中的很多往事。

上了年纪就特健忘，但奇妙的是，能够镌刻在记忆深处历久弥深的往昔，却都是一些让你忍俊不禁却又鼻头一酸的小事。

读高三那一年，我妈突然跑到离家5公里远的学校来，站在窗户外朝我招手。

我一脸疑惑地问她："妈，你咋突然来了。"我妈假装淡定地把手里的潍县萝卜和烧饼递给我，说："想吃你学校旁边的拉面了，就来吃了一碗，顺便看你一眼。"

大一那一年，手机突然收到了一条短信，我妈的手机号："你平常也不知道给你爸打个电话。"我赶紧回过去，我妈低声笑说：

“短信是你爸悄悄用我手机发的，你哥刚给他买了一个手写板。”

刚辞职那年，去鲁迅文学院进修，晚上十点封校，外边的人进不来，里边的人出不去。

男朋友低头看了一下手表，跟我说：“晚上我约了人谈方案，十点前一定来跟你碰面让你放心。”

我说：“来不及你就直接回家吧。”结果差三分钟十点，他满头大汗地背着重重的背包出现在我学校门口，抱了抱我说：“真险，差点食言了。”然后飞奔着去赶地铁了。

后来我才知道，那天客户执意要直接送他回家，但他坚持在我学校门口下车，只是为了看我一眼好彼此心安，然后一个人负重钻进了地铁站。

那些真心对我们好的人，无论事业多么有成，无论历尽多少沧桑，想念你的时候，都会愚笨得让人心疼。

锦衣玉食，十指不沾阳春水的人不一定有人疼；远渡重洋，关于爱情只字不提的人也可能被相思牵挂了一生。

这些年，我有意无意地忘记了很多事情，但那些永不褪色的琐碎记忆，都在告诉我同一件事情——

无论是谁，只要是真心对你好，都不会对你使那些虚头巴脑的花招。

他不爱你，脾气再好也可以很残忍

单方面挽留一个人，与其说是喜欢，不如说是需求。

1.

一次聚餐，他撸起袖子，有个女孩发现了他手腕上的三个烟疤，丑陋狰狞。女孩高声惊呼：“东哥，你这不对啊，‘暖男’竟然还玩自虐？”

东哥是我们圈子里出了名的热心肠好脾气，不管是举手之劳还是两肋插刀，他都是能帮一定帮，极少说个不字。

东哥一脸苦笑，给我们讲了手腕上三个烟疤的来头。

东哥曾辜负过一个女孩。谈了四年的女朋友，说甩就甩了，原因很狗血，只是在人群中多看了另外一个姑娘一眼，从此就再也忘不掉“真命天女”的容颜。

东哥精神出轨之后，几度挣扎，抽了自己几个大嘴巴，决定摊牌，没找任何借口，就是直截了当地说自己喜欢上别人了。

女朋友想不明白，跟东哥在一起时，他对自己都是千依百顺，为什么会说“劈腿”就“劈腿”。姑娘完全接受不了，认定是自己管教不严出了问题，于是怒扇东哥耳光，打完却发现东哥仍然去意已决，转而号啕大哭、苦苦哀求。

两个人纠缠了一个月后，东哥十分悲情地时尚了一把，当着女朋友的面，用燃烧的烟头在手腕上生生烫了三个窟窿，认错，并跪求放过。

伤口化脓结痂后，东哥跟“真命天女”结婚了，女朋友变成了前女友。

但是事情并没有就此结束。

前女友知道东哥对自己心有愧疚，也明白他心软的脾性，她实在咽不下这口气，为了报复东哥的背弃，她跟东哥同寝室最“渣”的一个男的睡了。

之后奉子成婚，遭遇家暴，日子过得特别惨。她一过得不顺意，就打电话给东哥，恶狠狠地说，你毁了我一辈子，我有今天全是你害的，我会恨你一辈子。

“在起初的两年里，她所有的电话我都照接，尽管每次接起来不是骂我，就是求我，但是我还是愧疚。我几乎每天都做噩梦，老婆看到我每次接电话很痛苦，就问我为什么不拉黑她换个号，我说我怕她万一遇到事儿连个求助的人都没有会想不开，但是后来，我突然明白一件事儿，我爱她的时候把我全部的好都给了她，我不爱她的时候也没有骗她，成年人终究是要对自己负责的，所以，我现在跟她一刀两断了，我再也不想听到她的任何消息。”

这故事听来真是令人唏嘘。

每个人都是有残忍的一面，他不爱你，那么这一面早晚有一天会让你看到。

只要他不再爱你，当你向对方举刀的时候，捅向的永远是自己。

2.

群里几个人在讨论连续剧。

女主角突然患绝症了，隐瞒病情主动提出分手，男主角以为被抛弃了，为了故意气女主角，虚情假意地接受了温柔体贴的女二，直到发现女主角病情后，整个人心怀愧疚。男主角抱头痛哭，“你说你怎么这么傻啊”，于是俩人不离不弃，重归于好。太感人了……

一个姑娘突然幽幽地跳出来说：“我越来越不愿意看国产电视剧了，还是美剧看得舒服点。”

有人马上反诘：“为什么啊？国产剧的爱情才更写实啊。”

她说：“国产剧多数拍得太沉重了，动不动就要通过牺牲自己来虐对方，美剧的爱情观更简单，爱就好好爱，不爱就分开，人家外国人也是人，人家分开也难受，但美剧对于爱情的导向至少是彼此尊重，而不是百般纠缠。”

群内一下子安静了。

不少连续剧，确实都喜欢用“牺牲”来发酵一份不被接受的感情。

常年用情爱厮杀的方式赚眼泪，把以挽留为目的的自我牺牲演绎成了一种感天动地的痴情，用无辜，用委屈，去扭曲爱一个人最起码的尊重。

当自我牺牲者在对方那里没有得到牺牲的意义时，这些委屈就会发酵成一种可怕的报复情绪。

一切求而不得，将转化成多疑的猜忌，变态的恼怒，疯狂的诋毁，不择手段的报复。

3.

那个在群里说更喜欢美剧的姑娘，其实前不久刚离了婚。

她也不知道两个人是如何把婚姻搞成了今天这副样子，只要俩人坐到一块儿，要么吵翻天，要么没的聊。

后来两人心平气和地分居了两年，她觉得这么拖着没啥意思，于是主动跟老公提了离婚，但让她震惊的是，这个时候老公突然得了一种双目失明却找不到病因的怪病，她一下傻眼了，这个时候要是跟他离婚，她实在于心不忍。

于是，她飞到北京，寸步不离地照顾了他一个月。

但是，有一天老公竟然从床上走下来，手里举着一个大钻戒，跪在地上重新向她求婚，说为了挽留她，他自导自演了这场戏，他知道这样做很傻，但是他爱她，这些日子也感受到了她对他无微不至的爱，他想把结婚时候欠她的婚戒补给她，求她留下……

在场所有人听完，都感动得稀里哗啦，顿时出现了我们经常看到的集体狂欢——“嫁给他，嫁给他……”

照这种剧情，她应该感动得痛哭流涕，泣不成声地望向四周，然后几近哽咽地点头如捣蒜吧？

然而，并没有，她拒绝了，一脸平静地说："我照顾你，不是因为爱情，是因为亲情。"

她永远忘不了当时现场的那一片唏嘘声，老公站起来，一脸委屈地指着她的鼻子问："你是不是外边有人了？"

那些千方百计把爱情上升到复杂的内疚回报、利益绑架的层面的人，看似自卑与无助，其实却暗含着可悲的索取需求。

自我牺牲者的逻辑通常是，我为你做了这么多，你就要回报我以不离不弃或回心转意，否则你就是狼心狗肺、不知好歹。

但是，**你的付出，如果他爱你定会感激，如果不爱你就会变成一种压力。**

4.

爱情本来是一件极其简单平直的事情，爱就爱了，不爱就结束了。

单方面挽留一个人，与其说是喜欢，不如说是需求。

你倾尽所有的付出，未必就是别人想要的。一味凭着自己的意气去"牺牲"自己，那不是爱他，那是在爱你自己，爱那个勇敢付出的自己。

对于一个去意已决的人来说，你的付出，除了感动你自己，加深他面对你时的沉重感与回忆往昔的负罪感，别无用处。

只要两个人相爱，所有的矛盾都可以靠努力与时间去化解，但如果一方已经无爱，这道题就千古无解。

可是他之前明明很爱我啊？他半夜给我买过春饼，冬天用肚皮给我暖过脚，这些都不是爱吗？

是爱啊，可是人类这种动物在感情方面并不恒定啊，不然为什么会有那么多人，爱着爱着就不爱了呢？

如果你不想一辈子堕落，就得学着去停止自我感动，停止用无悔付出去美化自己的欲望。

如卡尔维诺所说，千万不要自己感动自己。**人难免天生有自怜的情绪，唯有时刻保持清醒，才能看清真正的价值在哪里。**

只有从一段不复存在的情感纠葛中抽离出来，你才能有机会拥有稳定的自我价值感与安全感。

而这两样东西，永远不要奢望从别人那儿得到，永远记住，他人就是地狱。

他爱你，即便是洪水猛兽也变得娇羞情深；他不爱你，脾气再好也可以分分钟变得很残忍。

你若真想拥有相守一生的爱情，就别幼稚地去赌别人的脾气。

最后，把《这个杀手不太冷》中的一句台词送给你。

“时间总是把对你最好的人留到最后，毕竟喜欢就像一阵风，而爱是细水长流。”

他可以一直“渣”，但你不能一直瞎

任何一往情深的抠门之人，都抵挡不了一个红包的探底。

1.

收到一个姑娘的求助信，看得我实在是有些脑袋疼。

事情是这样的。姑娘大一的时候，谈了一个大自己十岁的男朋友，男朋友虽没什么积蓄，但平常十分“关心”她：比如她半夜肚子疼，男朋友会隔着电话说他担心得满头大汗；比如每次去学校找她，男朋友都会主动请她吃一碗刀削面。

由于小姑娘比较传统矜持，所以尽管两人相处了两年，男朋友也没能成功将她“推倒”。这期间男朋友“打野食”三次，并以一时“精虫上脑”的说辞与跪地求饶的方式声泪俱下地获取了姑娘的原谅。

但最近这位男朋友突然主动提出了分手，并理直气壮地要求姑娘退还这两年里花在她身上的钱，否则就去姑娘的学校闹她个身败名裂。

我当时以为姑娘挥霍了他一笔巨款，所以才会左右为难。

直到姑娘支支吾吾地跟我说：“这六百块钱还给他倒也无妨，

我就是怕他跟我好了两年没能睡到我，拿了钱之后还会做出什么变态的事儿来。”

这时，我才一拍大腿感叹了句：“这‘渣男’不要太过分啊。”

谈恋爱两年的金钱成本六百，人没骗到还能要求退钱，如此不要脸的抠门大法，着实震惊了我。

为什么会有人可以仅凭几句甜言蜜语就能骗人成功？

有一种“渣叔”，骨子里往往比较自卑，在同龄异性那里通常得不到认可，就会将魔爪伸向涉世不深的小姑娘，通过最低成本的一张嘴，以期猎取年轻肉体来获取自信心。

正如托尔斯泰所说，幸福的家庭都是相似的，而不幸的家庭各有各的不幸。

同样，天底下的好男人都是相似的，而“渣男”呢，就各有各的“渣法”。

由于“渣”得角度都不尽相同，我们暂且把这些一毛不拔、四处留情的人叫作“撩渣”。

对“撩渣”来说，最不值钱的就是时间，最值钱的就是钱。

对他们来说，说你美，说他一看到你就迈不动腿，完全是零成本撒网，有枣没枣打一竿呗。

他们说爱你，也就是说说，千万别动真格，你要一动真格，一条五大三粗的汉子分分钟就能心细如针。

2.

我们班花，以既“毒舌”又温情名扬“四海”。

因为知道自己要什么，所以三十出头至今不将就，因为人美得太显著，所以一些自以为是的“渣渣”三天两头地想抄底“白捡”了她。

在收拾“撩渣”的问题上，班花同学绝对是把好手。

有个“撩渣”跟班花相亲认识，看他相貌堂堂风度翩翩，班花满怀期待地跟他试着交往了一周不到，就惊讶地发现了他“一脚踏八船”的“博爱”之心。

于是果断分手。

“撩渣”不甘心，三天两头地给班花发短信，没完没了了一个多月，说自己是真心喜欢她，自从分开后，就更加想念她，他也想管住自己、给自己点尊严，可就是忍不住啊，情到深处，“撩渣”上演了苦情戏，说：“要不你告诉我，我到底该怎么办啊？”

班花淡淡回他：“这病好治啊，以后每次想给我发一条信息之前，就先给我发一百块钱的红包，估计用不了几个月，你就能忍住了。”

班花开出妙方后，一个口口声声对她相思难耐、错过她就要死要活的人，从此销声匿迹。

任何一往情深的抠门之人，都抵挡不了一个红包的探底。

现实就是这么残酷，每个可睡的女人，在“撩渣”心里都是有价位的。

你一旦贵过他的心理预期，他很快就不会对你继续感兴趣。

3.

那该如何区别一个男人是真心追求你还是假情假意地套路你呢？

第一，相信自己的第六感。

如果你只是在吃一顿饭的工夫里，就能感觉到对方的一些问题，比如点菜不问你喜欢吃啥上去就是什么便宜点什么，比如上来就问你是不是一个人住啊，那么这些问题，以后一定会愈演愈烈。

第二，适当观察一下周围人的看法。

感情这事儿，玄就玄在旁观者清的道理上。如果你身边的朋友个个都觉得他不是个好人，就你一个人一往情深地认为他很好，十之八九是你被“套路”无疑了。

但必须要明确一点，两个人的真喜欢，必然是风雨同舟，相互付出，而不是我用你肯不肯养我来断定你爱不爱，你用步步为营来刺探每一分钱花得该不该。

稳定的双方关系，需要各自独立与共同担当。

但一个男人在一个女人身上的金钱态度，却一直都在表达着他内心的真诚与判断。

一个人真心喜欢你，只会不由自主地傻笑，抖个机灵都容易弄巧成拙，哪还能收放自如地一环扣一环地套路你。

一个人真心想你，当知“思君如满月，夜夜减清辉”的不打扰。

一个人真心爱你，自会深藏“思君令人老，岁月忽已晚”的岁月静好。

而一个“撩渣”，只会三句话不离一个主题，今晚睡你方不方便？不行就明天。

4.

那遇上“撩渣”，我们要如何应对啊？

傻姑娘，看把你能耐的吧，还想对付“撩渣”。别犹豫，赶紧跑吧，鞋跑掉了也别回头捡。

你要是没有一颗玩弄“撩渣”的强大内心，就不要试图去蹚那条“与渣共舞”的浑水，更别傻了吧唧地去跟“撩渣”讲什么道理求什么公道。

你永远要明白一个道理，“天下至渣”，总逃不过八个字：情浅言深，一毛不拔。

打嘴炮正是“撩渣们”的一技之长，你竟然要跟他们讲理？

你跟他一说正事，他搪塞你以后再说；你说他一毛不拔，他说你物质贪婪；你说他不负责任，他说我们都是成人。

但是有一点姑娘们必须要搞清楚，你绝对不能蛮横地把那些但凡跟你闹掰了的男人都叫作“渣男”。

明明恩爱了好几年，一分手就说男人“渣”，也许人家在你这“渣”，在别的姑娘面前就是一个不遗余力的好丈夫，对你“渣”的原因很有可能只是人家爱的不是你。

此处我们讨论的只是“撩渣”这种脾性。

“撩渣”这种脾性，你千万不要幻想最后会有所改善，如果最初你就对“撩渣”满怀期待，一再将就，将来你就逃不开体会一把动情之后不得不放弃的痛苦。

所以，遇到“撩渣”，一定要及时止损，你要感谢“撩渣”的不娶之恩，感谢他没祸害你一辈子。

有人会问，那要是不给他们点厉害尝尝，以后再遇上“撩渣”还不是要继续被欺负？

姑娘，他可以一直“渣”，但你不能一直瞎。

当一个姑娘真的成熟了，她就不会爱一个傻子了

女人一生的迭代就是这样，踏着悲哀，笑着强大。

1.

有个男读者告诉我，他最近犯了一次不可原谅的错误。

三个月前他跟谈了两年多的女友分了手，原因是受不了姑娘的白痴与不省心，出门丢三落四，逮着一个纪念日就非过不可，话说重了她能气得哭晕过去，他觉得自己摊上了一个巨婴。他说他也没有什么可以依赖老一辈的好家世，所以他也会情绪波动，也会需要偶尔做个可以什么都不用去操心的宝宝。

但姑娘成全不了他，所以他还是跟她分了手。

后来，他如愿遇到了一个十分契合的姑娘。

大自己三岁，笑起来有酒窝，从来不在加班的时候追来“夺命连环 Call”，家里收拾得一切妥当，出门时会带好钱包、钥匙，从来不翻看他的手机，过路口不用被牵。

他感到前所未有的放松，但总觉得有些飘忽，因为他始终感受不到她内心的波澜。

直到有一天，他饭桌上开玩笑说要跟她结婚，她沉思了一下，

说："可以。"

一个"可以"，"噌"地一下拱起了他心里压抑已久的一股火，于是冷冷地问："你到底是做好了结婚的准备，还是做好了跟我结婚的准备了？"

女人没说话，又是嫣然一笑，起身洗干净池子里的碗，擦擦手，走了。

他一下懵了，这是怎么回事儿？吵架至少要拿出一个吵架的架势来吧？哪有一不顺心就抬屁股走人的。

他问我："是不是成熟点的女人都这样？"

我说：**"再成熟的女人，只要动心，都会变蠢。"**

如果一个女人跟你相处时一直波澜不惊，懂事得吓人，多半是因为已经活到了没有什么是她不能失去的份儿上了——包括你。

2.

我认识一个事业有成的东北大姐，我们在饭桌上谈过公司业务。

我见过她老公，虽说跟她同岁，但穿着打扮、皮肤样貌看上去能比她年轻 10 岁，整天戴个鸭舌帽，两条大长腿，走起路来两手插裤兜，别提有多酷。

他家的分工也很明确，大姐负责赚个钵满盆溢、肥马轻裘，小伙子负责锦衣玉食、花枝招展。

有一次聚餐，大姐的小老公突然接了个电话，拿起包抬屁股就走人了，连个招呼都没跟大家打，倒是大姐，赶紧举杯敬酒，甜兮兮地说：“我小老公有事儿先走了哈，对不住大家。”

有人开玩笑说她养了个“小白脸”，大姐就笑着回击：“你们知道什么？我们是正宗原配的老妻少夫，这样的老公带出去多有面儿？”

有人幽幽地问：“那他带不带你出去呢？”

大姐没说话，猛灌下两口酒，一向得体的她，冲着服务员吼了两嗓子：“服务员！清蒸白鱼再上不来我就退菜！”

直到她小老公嫖娼被警察抓，凌晨两点她从外地飞回来赶紧找人往外捞，小老公一看到她，“扑通”一下跪地，一把鼻涕一把泪地求原谅，可在她开车回家的路上，他立马又高高在上质问她为什么来这么晚。

她说那一刻突然明白什么是心如死灰，哪怕他不认错，就说一句关心她冷不冷的知心话，她都觉得值。

她抓过纸巾来擤了一把鼻涕，回去离了婚。

她现在的先生，是一个国画大师。她出差前行李箱里的卫生巾，都是先生给塞上的；出去打羽毛球，他会变出来一条小毛巾；出门旅游前的路线，再不用她打电话提前向熟人打听明白。

用她自己的话来说，有他在，她出门都不用带脑子。

太喜欢，往往无法太懂事。

一个在你生命中永远面面俱到、毫无破绽的女人，要么就是爱留三分所以没太走心，要么就是太过用力所以没了自己。

女人不管到了多少岁，只要遇到了对的人，都会收起锋芒，变得愚笨。

3.

很多男人起初都希望找个单纯简单的姑娘，涉世未深，特别好哄，天大的事儿，一顿烧烤就能哄得她乐不可支。

但用不了几年，他们又会厌弃一个女人的撒娇幼稚、不够懂事、格局太小，不能在事业上成就自己。

而女人从单纯到成熟的过渡，代价往往是一段无人关心的时光与一次次独挡龌龊的胆量。

当她少不更事，常常天真地以为爱情就是一切，希望能跟你寸步不离，像韩剧里一样生死相依。

那个时候，她爱的人无须三千浮华，无须权贵加身，她爱的可以是一个没房没车的少年，也可以是连酒场逢迎都打怵的内敛之人。

当她一身是伤，当她能独当一面，当她被击倒又一个人爬起来，当她成熟到永远善解人意不会生气，当那一天到来，她可能再也看不上那个身无一物徒有一副好心肠的大傻子。

女人一生的迭代就是这样，踏着悲哀，笑着强大。

4.

更大的悲哀，不是人会随着年龄与阅历的增加老去，而是越来越多的姑娘拥有了与本身年龄完全不相符的过度成熟。

一个“95后”姑娘，可以八面玲珑，应对长辈与酒场游刃有余，你再往她背后看，藏着一个从小父母离异的童年，因为害怕做不好就会被抛弃，所以她从小就学会了如何披着外衣讨人喜欢。

一个还在上学的女大学生，你突然爽约她不会生气，你发来信息她主动把头扭到一边去，你再往她背后看，藏着一个姑娘各取所需得两不相欠的心机，藏着一种压根没把你太放在心里的悲凉大气。

这就让人糊涂了，女人心的水既然这么深，要如何判断一个女人是真成熟还是假成熟啊？

你认定一个女人后，要努力帮她褪去隐匿在她身上的另一个自己。

你只需要记住一点，**女人但凡走了心，情绪一定会有波动，所以女人要是一点都不“作”，一点都不矫情，绝不可能。**

恋爱中从来没有成熟女人。

那些没有得到爱情滋养，活得毫无指望却忙着垂死挣扎的成熟女人们，要么不够爱，要么太委屈。

而真正心智成熟的女人，她懂得用对方需要的方式去爱一个人，而不是一天到晚瞎“作”瞎大气。

七年相思三碗酒，这句喜欢才说出口

我们越是长大，越是学会了在感情面前瞻前顾后、权衡利弊。

1.

一个礼品店里，突然进来三个帅帅的小男生，另外两个簇拥着其中一个，嬉笑着讨论要买什么。

那个男生举起一个粉色的钱包，带着小波点，羞涩地征求另外两个男生的意见："你们觉得这个好看吗？"

其中一个坏笑着说："表白不用这么好的钱包啊，万一失败了可血本无归哈。"

男生愣住了，一本正经地说："你说什么呢！这是个好女孩，我想娶她。"

然后，他雄赳赳气昂昂地跑去结账了。

那一刻我这张老脸不自觉泛起一阵笑，莫名被这种刚烈决绝的态度"甜到哀伤"。

刚好一个朋友前几天终于遇到了心头好，却把她愁得不行。

男的是她的合作伙伴，儒雅温暖，彬彬有礼。舞会上她一直靠在他肩上，男人主动加了她的微信还送她回家，到家后才发现俩人同住一个小区，更是深感三世缘分难得。但令她万万没想到的是，“各回各家”后真的就“各找各妈”了。

她主动约了一次，男人听上去也是欣喜又客气。

她瑞士留学归来，家境优越，面容清秀，也是个教养颇好的姑娘。

她跟我说，头一次遇到一个让自己感觉方方面面都很舒服的男人，她挺怕错过，也怕是自己多情扰无情，所以实在不知道该如何妥当对待这件事儿。

于是，她跑来问了我一个问题：“你说现在的男人是怎么回事？就不能坦白点儿吗，敌进我退地来回刺探到底有什么意思？”

我说：“你这不是也挺顾忌脸面的吗，不然你早去找他挑明了。”

“其实我主要是担心，家离得这么近，万一谈崩了，低头不见抬头见的，太尴尬。”

我乐了，崩了又怎样，崩了就搬到另一个城市，有人问起，你就说丧偶。

她差点笑疯。

也不知道从什么时候起，**我们越是长大，越是学会了在感情面前瞻前顾后、权衡利弊，想找你却没有话题，于是晚安来晚安去最后变成了爱答不理。**

2.

我的钢琴老师也是一个帅炸天的“正太”艺术男。

有段时间看到他每天一个人吃面，一个人锁门，一个人坐在钢琴面前发呆好半天。

我打趣问：“好好的一个钢琴王子怎么了？相思苦啊？”

他长叹：“哎，感觉自己谈恋爱的时候缺根筋啊。”

他大学的时候谈了一个女朋友，毕业时他为了方便照顾家人，想留下来做钢琴老师，女朋友的家长却一心想让她去国外。

本来从来不脸红的俩人，开始因为异国恋危机而吵得不可开交。

最终吵到一拍两散，一个换了个城市做了钢琴老师，一个悻悻回家准备出国考试。

但悲剧的是，女朋友最终没考上，国没出成，手倒是先分了，这找谁说理去。

他跟我说，身边好多哥们儿，就是因为思虑太多才让一段好好的感情不得善终的。

怕父母反对，怕八字不合，怕星座相克，怕来日苦多，怕给不了她想要的生活，于是整天心惊胆战如履薄冰，对眼前的人眼前的一切越来越不确定。

因为不确定，所以越爱越不敢付出，越爱越冷冷清清不懂什么三千痴缠。

但不疼不痴，不迷不缠，你敢厚着脸皮说你爱过？

前段时间读廖一梅的《悲观主义的花朵》，里边有一个很有意思的观点：你总会爱上那些带给你痛苦的人，他肯定会带给你痛苦的，他并没有做错什么，他没有改变，但是他以前带来的那些欢乐，只因为感受的不同，轻易就变成了痛苦。

你看，那个让你又哭又笑的人，一直都是你爱的那个人呀。

至于，**那些口口声声害怕失去的动心然后说拒绝的人，你最好离他们远点，因为这些人，往往会因为害怕失去你而率先离去。**

3.

现在好多狗血的电视剧都把我们这代人教坏了。

女主角为了让男主角不跟家里闹翻，主动接受了男主角妈妈提出的美好建议——“离开我儿子，你给不了他一个更好的未来，而某某可以……”

女主角嘤嘤嘤地哭完，大义凛然，山河拱手，微微一笑不复还。

就这样无脑的剧情，生生打翻了爱情本身的纯粹。

大学时候一个学长家境贫寒，准备考研，女朋友跟他异地多年，一次争吵后他闷在寝室抽烟，然后涩涩地对电话那头说：“要不分手吧。”

几个哥们儿一听都疯了，你们从高中就开始了，五年多的感情，说扔就扔啊，你女朋友说啥了？

他闷闷地说："我不想耽误她，她没说啥。"

从南京到昆明，三十八个小时的火车，那个电话里一句话没说的女朋友小心翼翼地推开他寝室的门，刚好赶上中午午休，她小声问他在不在？

这高尚的哥们一听马上翻床而下。

"你来干吗？"他继续装。

姑娘嘴唇哆嗦了一下，冲过来一把抱住他："不分开行吗？我还是太喜欢你。"

这么一句话惹得一屋老爷们儿哇哇地哭。

不知道什么时候起，人与人之间爱的表达越来越扭曲，你闷头委屈自己要为对方做的那些牺牲你问没问过他需不需要啊？

爱的表达没有那么复杂，动心就笃定了去娶她，不爱就断了那三千痴缠下一个路口转转没什么尴尬。

4.

见过好多活得特拧巴的人，总是不停地给喜欢的人发一句"在干吗？"

喜欢你的人，会告诉你在欺负一只哈士奇啊，在看一部电视剧看到泪崩啊……不喜欢你的人，会告诉你，没干吗。

所以，你还用下次再来一次"在干吗"吗？

爱一个人是令人感到温暖的事儿，不是为了让你变成一朵苦大仇深的“白莲花”。

就像是《这个杀手不太冷》里的小姑娘 Mathilda 对杀手 Léon 说的那样。

“里昂，我想我已经爱上你了，这是我的初恋，你知道吗？”

“你未恋爱过，怎知道那叫爱情？”

“因为我能感觉得到。”

“哪儿？”

“在我的胃里，感觉很温暖，我以前总觉得那里打结，现在不会了。”

这世间，“相见亦无事，别后常忆君”的痴傻人太多。

人群中，七年相思三碗酒，一句爱过才能说出口的遗憾太长。

那些动心了然后拒绝的表演，那些欲说还休的孤单，我不能了解，亦不想步此后尘。

我们总是用自以为是的成熟，错把自己卑微到尘埃里。

下一次遇到你，希望自己还是那个只知道“她是个好女孩，我想要她”的少年。

而不是隔着屏幕与江山，早安，晚安。

第三章

男女之间的纯友谊，是懂得不越界

刻意考验人性，不等于你就能拎得清

设局考验人性，本身就是一种恶。

1.

卫小荷又离婚了。

离婚对象竟然还是一年前刚刚复婚的前夫，这个消息，太令人唏嘘。

下午，她把我约在 DQ，用妈妈般慈祥的目光看着我吃下加了双份奥利奥与红豆的暴风雪冰激凌后，眼泪开始渗了出来，终于哭笑不得地开了腔：“我特别高兴的是，终于抓住了。我特别难过的也是，终于抓住了。”

听到此处，我嘴里的冰激凌差点都吓化了：“你捉奸在床了？”

卫小荷摇摇头。

自从她跟前夫复婚以来，她就得了一种神经兮兮的怀疑病。当初为了和好如初，她主动撤掉了安装在老公单位里的摄像头，但她还是忍不住每天都要像狗一样去嗅老公的每一件衬衣，后来也不知道从哪个网站整了个歪招，偷偷在她老公的手机里安装了一个追踪系统。

在一个她老公声称要加班睡公司单位寝室的夜晚，她目不转睛地盯着老公的定位，第二天一早，定位从单位离开了，停留在了3公里以外的永和大王，她打扮整齐后跟了过去，一推门就看见自己老公在跟一个漂亮姑娘喜笑颜开地吃着早餐。

这次不管对方怎么解释，她都不再原谅，笃定不移、趾高气扬地把婚离了，过上了萧条落寞的单身少妇生活。

直到一个陌生男子找上门来，警告她污蔑自己老公时，别带着他媳妇。那天她老公在单位加班的时候，他也在陪着自己媳妇，加完班后就送媳妇回家了，早上把媳妇送到永和大王刚好碰上小荷老公，两人就一起拼桌吃了。

这个男人，就是那个姑娘的老公，他听说媳妇在单位被人指指点点后，忍不住来找卫小荷说道了一番。

至此，卫小荷才知道，她老公急赤白脸地争辩的"我跟她什么都没有"竟然是真的。

她大哭，说没脸回头，也回不了头了。

她问我："小轨，考验一个人有错吗？没有考验，我们怎么知道这个人是不是表里如一，没有考验，我怎么知道他说只爱我一个是真心还是假意？"

我叹了口气，说："你不能上来就假定人有罪啊。"

在一个从开始就错误的假设里，人人都会受害。

2.

我还没毕业时，在一个新闻网站实习，单位里有一个“富二代”实习生童童，狂热地爱上了一个一无所有的帅小伙。他是电视台那边的记者，老家在菏泽，童童哭着喊着要跟他闪婚。

童童的爸爸一听唯一的心肝宝贝要把自己草率嫁给这么个“空手党”，情急之下杀到我们单位来了。

之后，狗血的剧情尾随而至。童童爸爸一看女儿怎么劝都不听，就提议考验，如果考验通过，就答应婚事。

他爸爸找到小伙子，让他在 20 万和童童之间选一个。小伙子考虑了一天，选择了 20 万，然后跟童童断了关系。

当天童童哭得“面目全非”，实习证明也不要了，收拾东西就要走，结果单位里一个从电视台那边跳槽过来的老大姐说话了。

“童童啊，你用别人的软肋做筹码，这样的考验不合适啊。”

“这小伙其实挺好的，特别懂事，但是他妈妈今年得了胃癌，他每个月要养活家，还得供两个妹妹上学，这个时候你拿钱去考验人家，要你你会怎么选？对他来说，最好的选择，只是让家人多活两天，让妹妹们能上完学啊。”

当被考验者深陷困境，这个时候你考验到的结果，很难准确。

3.

你以为疾风知劲草，但是一辈子又能有多少疾风？

你精心策划了一场持刀歹徒之局，他没有毫不犹豫地为你白刀子进红刀子出就是不爱你?

你用一个性感火辣的闺密设计了一场投怀送抱，他心动了一下就是对你不忠?

现实中的白头到老，不需要那么多刑场救美，大喊一声刀下留人。

值得托付终身的人，无须夕阳武士，也不必撑伞相遇，只是他愿意下班之后不贪酒场，只想归心似箭般滚回家，然后老老实实地给你削一个苹果。

有些人性里的罪，不被诱发就不会犯下。

4.

听过一个故事。

获得诺贝尔奖的第一位临床医生芬森，晚年时候想找一个合适的接班人。

他的助手建议他通过让其他人以高薪聘请的方式，试探接班人能否把持住自己。

芬森断然拒绝，理由是，这样的考验必定会让被考验者在面对现实与梦想的两难选择时，内心无比纠结，而且无论结果怎样，都必定两败俱伤。

多年后，功成名就的哈里，也就是芬森的接班人得知此事后老泪纵横。

他说，如果当时师父那样做了，他一定会被诱惑，甚至因此一生碌碌无为，而世界上会就此少了一位著名的医学家。

设局考验人性，本身就是一种恶。

不服气的自觉去复习电影《完美陌生人》，看完之后记得问问自己“三观”是不是被颠覆了。

曾经跟一个朋友讨论过这个话题，她一听表示不服气，别给这些浑蛋找这么多借口，越是极端情况越能看清一个人。

嗯，但是，**要测试一面镜子是否坚固，恐怕只有当你摔烂它的那一刻才知道。**

对一个人来说，是金钱还是眼前人对他更重要，只有你探测到人性的阴暗面与底线的时候才知道。

但是，**破镜难重圆，人心难再返。**

人性很复杂，有时候一念成魔，有时候正善纯良，这一直都是一个不断变化和摇摆的过程。

站在道德的制高点，用圈套去挑战人性，不但不道德，而且很愚蠢。

毕竟，**考验的目的，不是为了考了别人，输了自己。**

姑娘，没事儿不要乱认哥哥

清白的异性友谊都不怕见光。

1.

2017年的第一天，一个二十三岁的姑娘碰上了一件闹心事。

她恍然发现，那个跟她三个月来夜夜聊天聊到半夜一点钟的男人，其实已经是一个五岁小朋友的爸爸。

其实她早该猜到，一个四十多岁谈吐不凡的男人，怎么可能至今孤身不娶。

但是这事儿偏偏是别人跑来告诉她的，她纠结再三跑去问他，他大方承认，还很“绅士”地表达了自己“没提前表明自己已有家室是自己的不对”的敞亮。

摊牌后一番挣扎，她含含糊糊地答应了做他的妹妹。

大叔说，会待她如亲妹妹般百般疼爱。

她很感动，可心里还是有点堵得慌。

她问：“轨姐，我相信他是知道我喜欢他的，他应该也对我有意思，虽然我们聊的多是文学和电影，但也经常说一些‘我想你’，甚至‘我想要你’这种尺度的话，为什么我一挑明，他就能收放自如地退回防线内当我的哥哥？”

“他在等啊。”我说。

“什么意思？等什么？”她惊问。

“等着把妹妹搞到手之后，说一句，大家都是成年人了，说什么骗不骗的？”

“……”

有点意思跟真喜欢还是差很多意思的。

一个心里真正有你的男人，才没耐心一直当你的“哥哥”。

一切没有血缘关系的哥哥妹妹，往往不过是想披着暧昧外衣耍流氓。

2.

之前一个哥们儿也遇到过老婆四处认哥哥的膈应事儿。

哥们儿的媳妇很能干，广告公司的AE，很能喝，话也来得急，特招风月场上老男人的青睐，一接起电话来就是“高糖分”的“哥哥哎，找我啥事儿呀？”

听得哥们儿颇为惊悚，于是鼓起勇气抗议，被老婆一句“你有什么权力干涉我的社交权！我又没跟人怎么着”给驳斥得眼珠子差点掉地上。

他为此头疼不已，还特意为这事儿摆了个局，群策群力。

“你老婆一日三餐给你做着，挣钱也多，你没事儿就别折腾了。”有人劝。

“不是我折腾啊，是我知道这‘哥哥’二字的严重性，当初我老婆能跟我，就是从叫我‘哥哥’开始，然后跟我好上的……”他点了烟，守着大排档前的一串大腰子长叹。

满座憋笑。

“那你是不相信你老婆喽？”有人火上浇油。

一串大腰子下肚，他摇摇头：**“我不是不相信我老婆，我是不相信男人啊。”**

认为结拜兄妹固有真情在的姑娘，常有；认为频献殷勤无欲无求的哥哥，不常有。

对女人来说，认个哥哥是攒备胎的常见手段。

对男人来说，认个妹妹是骗无责性关系的最佳铺垫。

3.

实不相瞒，其实对于认哥哥这事儿，多数女人早都清楚是咋回事啦。

高三时，初见隔壁班一男生，怦然心动，胃里很暖。

但无数次擦肩而过人家也没有要跟我有半毛钱关系的意思。

于是狂写信，做笔友，他回信也回得起劲，课间还给我送糖，操场遛弯儿碰上，都能高兴上一整个晚自习，但就是不说喜欢，后来干脆提议要跟我结拜兄妹。

那个时候没有黑人问号脸，不然我一定给他使上。

后来才知道，意中人已经有女朋友了。

兄妹结拜，往往始于初高中懵懂年华，兴于大学时差那么一点点儿成男女朋友，止于嫂子不太乐意。

有人会说，轨啊，你这不合适了啊，哥哥妹妹不过是久逢知己再遇红颜的一个形式，结了婚的男人就不能有异性朋友了吗？

当然可以有啊，我之前就男女之间是否有纯友谊的话题就写过一篇文章。

男女之间的纯友谊存在吗？存在，存在于双方的不越界。但暧昧而不越界的异性关系维护起来又谈何容易？

那道警戒线你一直提醒自己不要踩，但终敌不过情不自禁的暧昧狂欢。

人性中那种“伸手可得，缩手难舍”的诱惑，几乎能要了一些男人的命。

清白的异性友谊都不怕见光。

你往哥哥身上擦手，你挽哥哥的胳膊挽得很溜，你电脑坏了马上打电话找哥哥修，你一寂寞了就约哥哥出来喝酒……

那么，你有没有问过嫂子的感受？

你们这么清白，敢不敢跟嫂子找个地方当面聊聊？

有人说了，那业务往来，不称呼对方一声“哥哥”，直接叫某经理不利于业务推进啊。

我的做法是，把姓往前一放，删掉一个“哥”，王哥、赵哥、狗子哥……既拉近距离，也让充满雄性荷尔蒙的男人们顿时明白这细微差异上的尊重。

4.

还有一种姑娘，一身侠肝义胆，走路虎虎生风，不介意叫声大哥路好走，也不把言辞缱绻当回事。

这种类型的姑娘，叫你一声哥，跟叫你一声二大爷，一个意思。

那些妄想用一声“哥哥”就收网捞鱼的哥哥们，省省心。

这个群体的妹妹们个个身怀绝技，她们叫声哥哥行个方便，拿走想要的东西，而七窍流血在原地的一定是你。

有人会问了，为什么会有这么多姑娘总想成为男人的妹妹呢？

一种情况是，不涉世事，太过单纯。因为隐隐动心，以为自己可以全身而退，所以步步靠近，最终步步沦陷。

另一种情况是，久经风月。她们愿意享受女朋友的权利，但对履行女朋友的义务不感兴趣。

所以，如果你功力不够深厚，我还是要劝你一句：

姑娘，没事儿不要乱认哥哥。

这世间怦然心动的相逢每天都在发生，但像样的大哥一定不会

给妹妹见不得光的难堪。

更不会假惺惺地误伤一片，还在那儿自诩清白。

一个真正像样的哥，若敢爱，则斩断旧情，执手向前；若不爱，则止于礼，两不纠缠。

男女之间的纯友谊，是懂得不越界

心中无愧，无灯无月何妨；心中有鬼，千军万马难挡。

1.

龙口站的分享会上，主持人正要准备结束互动环节，一个姑娘突然高高举起了手，紧张兮兮地问，能不能让她再问最后一个问题。

我点头，主持人递过麦克风去。

她问："小轨老师，男女之间是否存在纯友谊？"

我会心一笑，默默按下"越丑越纯"的说法，一本正经地匆匆回了一句，**存在，但是这种纯友谊永远带着不纯的色彩。**

分享会结束后，一个工作人员悄悄跟我说，这姑娘的一生很坎坷，那个问题一直困扰着她，甚至几乎毁了她。

我愕然。

觉得还是有必要好好写一下这个看似老套却又有些沉重的话题。

不得不说，**女哥们儿、男闺密这俩词，太亵渎友情。**

对男女之间是否有纯友谊这档子事儿真正在意的，是你的伴侣。

你跟异性的交际方式是否能够让你的伴侣接受，在很大程度上决定着你友谊的纯度。

2.

讲个故事，聊聊青梅竹马。

有一个男的，跟我同校同班了七年，是一个真正跨越了我整个青春期的异性同学。

他会每天去我家喊我一起上学，会在初一的时候乱丢我的橡皮故意招惹我，会在高三时大摇大摆地往我座位上高傲地“施舍”火腿肠，会在自己看武侠小说的时候扔粉笔头提醒我好好听课，会率领一众好哥们儿帮我搬宿舍。

高考完，我们一起回班里填志愿，班主任坏笑着说：“一直想问问你俩，是不是在高三时候谈恋爱啦？”

我一愣，马上气定神闲地反驳：“谁能看上他呀！”

他脸一红，没说话，只是笑得很尴尬。

七年的朝夕相处，我一直以为我跟他之间纯得很。

所以，如果在那个时候，有人问我，男女之间是否存在纯友谊？我一定点头如捣蒜。

直到，他听说我“北漂”回来，非要去车站接我。

路上不知怎么就聊起他儿子来，他如鲠在喉不肯接话，只是到我家门前时，气哼哼地把行李搬下来，说：“如果你愿意嫁给我不去北京，这儿子就是我们的儿子了。”

他开着车绝尘而去，留我一个人在原地发呆。

之后，我疏远他。他道歉，说自己说错话了，

有多少故事都是这样，当初说好了且歌且笑且珍惜，到最后却成了渐行渐远渐生疏。

他哽咽着问我，该怎样才能回到最初那样单纯的友情关系。

我说：“以后聚会，或者来我家串门，一定要知会你爱人一下，或者带你爱人一块来我家玩。”

心中无愧，无灯无月何妨；心中有鬼，千军万马难挡。

世间没有纯粹的玩笑。

男女之间的纯友谊始于关照，陷于隐忍，毁于忍不住终于说出口。

边界打破后，友谊是否纯洁，要看伴侣的接受度。

3.

之前有个男读者问我，发现自己喜欢上了好朋友，但是他感觉对方确实在踏踏实实拿他当哥们儿。

该怎么办。

我说，如果不想要这个朋友，就睡之。

哈佛大学的心理学教授 Adrian F. Ward 说，已经有研究表明，由于男性和女性的思维方式差异，所谓**“纯洁的男女关系”，基**

本上都要被男人的妄想给摧垮。

跟很多人聊过异性朋友之间的边界问题。

有人说，不发生关系就行；也有人说，不肢体接触就算。

每个人心中的边界都不一样，甚至差异很大。

就像是对待出轨，有人认为一次不忠百次不用，也有人认为只要心里还装着这个家完全可以再给一次机会。

所以，当你单身，不存在纯友谊的忌讳；当你有主，边界就变成了你有多在乎你家人的感受。

4.

见过那种闲着没事儿就使唤别人家老公的姑娘，也见过打着责任心大旗侠肝义胆地一次次给前任送温暖的男人。

人与人之间的边界，核心还是要多为对方考虑的。

明明可以花个小钱找修理工解决的事儿，就不要去麻烦别人的老公；明明可以划清界限拥有现世安稳的婚姻，就不要用藕断丝连去伤害家人。

如果你的女哥们儿跟你之间是真友谊，她会在跟你把酒言欢声色犬马前首先考虑一下那位正在等你回家的妻；如果你的男闺密真的对你无所图，他会在把胳膊环到你腰间时将心比心地考虑到你老公的尊严。

我们一生当中，难免一见杨过误终身，难免再遇红颜恨不相逢未嫁时，但是一个负责任的成年人，懂得如何把控边界。

遇到怦然心动的姑娘，如果不能给她结果，就不要玩若即若离的暧昧。

热爱一个家，从来不是一件容易的事。

人性中的七情六欲一直在撩拨着我们心中的落寞与眼前的无趣。

这个光怪陆离的人间，给了我们肩膀，也给了我们空窗，碰上漂亮姑娘还是会心动，遇上体贴入微的人还是会脸红。

都没关系。

男女之间的纯友谊，确实存在，但是这份友谊立足于你对边界的尊重。

需要明白的是，活着始终是一个选择的过程。

你选择了什么样的生活，就要承担什么样的后果。

我很幸运，但不仅仅是幸运而已

运气，有时候只是一种你无法理解的实力。

1.

一个读者跟我说：“轨姐，我不明白，人人都说运气也是一种实力，但我身边好多人走狗屎运的时候，我根本没看出来他们有什么实力啊。”

“学渣”考前不复习，刚好碰上一个监考稀松的考场全都抄过了，我们每天埋头复习竟然过级考能巧到只差一分；毕业后我勤勤恳恳地在一线城市吹冷风坐地铁攒首付，而班上那些游手好闲的同学一回家就成了坐拥三套房的“拆二代”。

他说：“我突然对这个社会的价值观产生了怀疑，好绝望啊。”

那么，这世界上真存在那种幸运到永远福星高照的人吗？

给你们讲个你们爱听的故事。

梅哥哥从小就是一个从不失手的学霸，对我而言，考得特好需要超常发挥，但他跟我说，在学霸的世界里，成绩跟发挥没关系，就是要硬件够硬，会做就是会做。

嗯，这位骄傲的梅哥哥在高考那一年考了666分，一如既往高冷地在志愿里只填了北大，不服从调剂。

但是呢，造化弄人，那一年他和北大一分之差，真是够背的了吧？

少年郎当时就傻眼了，按理说，没被唯一的志愿录取，还不服从调剂就只能滚回去复读了吧？

可少年郎又不愿意复读，惊回千里梦，已三更，起来独自绕阶行，站在码头吹了一夜冷风，第二天背上干粮去了老家最好的高校——浙大。

少年郎不死心啊，决定争取一下最后一线希望，他也不知道如此莽撞是否行得通，因为此行，他是想来问问人家浙大愿不愿破格要他。

如果是我，我肯定想不到这招，就算想到了也不肯去做，为什么啊？我不理解这种行为啊。

你又没填人家志愿，人家凭什么跟你谈啊？你填志愿剑走偏锋一不小心走死了，你成绩再好也不至于要人家改弦更张为你打破招生制度吧？

再说了，万一不成，好像还会很丢脸的吧？

然而，少年郎才不管那么多，他考虑的只是，事情既然已经发生了，我还可以走哪些路子试试。

如此，少年郎雄赳赳地去谈了，结果真被人果断收下了。更奇葩的是，本来半路来的，不能给啥太热门的专业，起初老师打算给他扔农学院吧，但这孩子分数太高了啊，高校老师爱才心切，思虑再三直接调进了浙大最牛的竺可桢学院。

后来呀，少年郎本科毕业后又考到北大读完了硕士，曲线圆梦了。

梅哥哥看上去好像运气爆表、人生“开挂”了啊。

所以，你看明白运气是怎么一回事儿了吗？

很多人经常会把自己无法理解的事儿，归结为运气。

运气，有时候只是一种你无法理解的实力。

2.

一个1996年出生的小文案，无论上学还是上班，一直都是人群中的“小透明”，之前学的好像是什么天体物理，呃，你们自行“脑补”吧。

反正我这种“物理盲”不能理解这种人。

她去一个单位实习的时候，愣是看上了公司的创意总监，主要是因为这个男的简直太帅太有内涵了啊。用她的话来说，第一眼就天旋地转。

但她只是一个小小的实习生，公司那么多貌若天仙的客户经理总监都看不上，怎么可能对她这种资质平平的“小白”感兴趣。

但她实在是太喜欢了啊，于是忍不住把他的朋友圈啊，空间啊，微博啊，都从头到尾翻了一遍，调研能力堪比职业侦探，然后知道了他喜欢民谣是因为李志，喜欢哲学是因为加缪，喜欢诗歌是因为奥登。

她为了能跟他搭讪，硬是把这三个人的作品吭哧吭哧几乎看了个遍。

终于，天赐良机，那天公司集体留下来加班，却突然因为电路报修紧急停了一小时电。有人提议，出去撸串吧？于是一呼啦走了一大半。剩下的人呢，就拉动了一下自己的座椅，围成了小圈圈瞎聊起来。

剩下的人里，有她，也有他。

她是这里边唯一能跟他相谈的人，他惊讶于她的学识与认知。

后来呀，他请她去看李志的跨年演唱会了。

再后来呀，他跟她说："遇见你，是我这辈子最大的狗屎运。"

嗯，这是《美人鱼》里的台词。

所以啊，你问我运气这个东西是不是有人娘胎里就带的呀？

嗯，有的人确实就是啊。

但当我们不能改变出身、不能改变天资的时候，不是还剩下努力这个选项吗？这才是改变多数人运气的重要变数啊。

一辈子都走运和一辈子都点儿背的人同样罕见。

多数人都会在平凡的一生中有几次重要的转折大运，但是**实力不够的人，运气再好也没啥用。**

3.

《哆啦A梦：伴我同行》上映的时候，因为对“蓝胖子”的情节太深，所以我凌晨去看了首映。

大雄被静香骂了，伤心地在屋顶看星星。

哆啦A梦看他太难过，推推搡搡地最终答应给大雄看一下未来的自己。

哆啦A梦：“这是长大以后的静香。”

大雄：“好漂亮。”

哆啦A梦：“而这个被打屁股的男孩子和你一模一样，也就是说……”

大雄：“我的……新娘是……静香？万岁，万岁，万岁，谢谢你，谢谢你，哆啦A梦，这都得感谢你。”

哆啦A梦：“不，你错了，大雄，这是你自己从多如繁星的可能性之中抓住的契机。”

当时听得我热血沸腾，感动，也庆幸。

我庆幸的是，动画片里的大雄没有因为是主角就被无缘无故地加上主角光环，任由他如何，都会避开洪流，身在高楼。

还好，这个光明的未来不是因为一个草包爆踩狗屎运，而是**自己从多如繁星的可能性之中抓住了契机。**

我用我小肚子上的赘肉向你保证，韩剧里那些笨手笨脚不求上进的“傻白甜”，既能被万能的男一号偏爱，又能让男二号随时随地为她付出低到尘埃，都是骗人的。

现实生活中真正的优质男神，他们同样有着一流的品位，那些能够与他们共度一生的女人，一定不是那些空有一张好皮囊的姑娘。

能捡到漏儿的人，毕竟还是少数。

我总觉得，对多数人来说，好运需要攒。

攒什么呢？

精力、能量、气质、人品，与阴沟里仰望星空的不泯不灭。

攒够了，就轮到你了。

有人心比天高，命比纸薄，身在高处，万事蹉跎。

有人未得其时，生逢险恶，一线生机，绝处高歌。

每个人对狗屎运的要求都不太一样。

记不清哪一年，“天猫”推了一句文案：

普通的改变，将改变普通。

与你们共勉。

狗屎运要上哪去踩，我还真是不知道。

但我知道的是，**不上街走走的人，连踩到狗屎的机会都没有。**

“白富美”是一枚勋章，不是一个职业

你看到的很多美好，很可能是别人加了滤镜展示给你看的。

1.

我曾替老东家策划过一次大型地面活动，人手不够，于是招聘了十五个在校大学生作为实习生帮忙。公司人事部很会挑，小姑娘个个漂亮，换上制服后，精气神十足，老远看我们的柜台，特像选美大赛，四面八方的口水止不住地流向我们台面。

但只花了一周的时间，漂亮姑娘和漂亮姑娘之间就出现了差异。

有个女孩活动期间总是冷不丁地擅离岗位，其实也没跑多远，不远处她帅气的小男朋友一直在跟她隔空调情，她偶尔会忍不住胸中的冲动飞奔着跑去狂亲他一口再跑回来。

值班的业务主管看到了几次，说过她两句，但也没太往心里去。

但一个叫芸芸的姑娘还是把这件事告到了我这里。她瞅准了我来巡查现场的时机，偷偷把我拉到一边。她说，每个女学生在这儿拿的薪资待遇一样，如果纵容那个女孩频频擅离职守却不处罚，这不公平。

于是那个女孩又被警告了一次。那姑娘也不是吃素的，衣服一扔，骂骂咧咧地搂着小男朋友直接撂挑子走人了。

那一刻我在好几个姑娘脸上看到了一丝满意的幸灾乐祸。

后来芸芸又来告别人的小状，十几个姑娘无一幸免。

我觉得奇怪。

于是找了一天请她在楼下的星巴克喝香草拿铁。

她直言不讳地告诉我，她确实是看不惯那些“仗着漂亮，就站在父母肩膀上享受的姑娘”。

这我就纳闷了，这些姑娘都是从她们学校招来的，都是靠自食其力打零工来的，怎么就成了站在父母肩膀上的蛀虫了呢？

她摆摆手，打开自己的朋友圈给我看，里边全是漂亮姑娘炫包、炫表、炫国外的各种马不停蹄的旅行。

她说这些人之所以来打工，只是想拍张照片发个朋友圈装装酷而已，相貌不错的姑娘，都其实形成了一个圈层，她们都在暗暗较劲。

她看不起这些姑娘：“凭什么她们不用努力就可以得到我这辈子都可能得不到的东西！”

这是一个家庭出身一般，羡慕“白富美”又看不起“白富美”的傲气姑娘。

她问我：“轨姐，你认为这个世界公平吗？”

我说：“哪来那么多绝对的公平。”

你看到的很多美好，很可能是别人加了滤镜展示给你看的。

没必要对朋友圈的浮华人生妄加揣测，光鲜背后，有人在与自己死磕，有人在接受人格考验，但没有人可以逃开众生皆苦的残酷。

2.

我认识一个“95后”做直播的小美女，肤如凝脂，凹凸有致，年入千万，走起路来高跟鞋“咔咔”砸在地上都能听出一个小女孩的桀骜不驯与目空一切。

有一次她点上烟，坐在我对面，跟我聊起了她的这个职业。

她说每个长得还过得去的女孩，都算是白捡了老天爷给的一个天赋。靠着直播赚到上亿的漂亮姑娘确实有，一晚上靠卖个笑聊个天就能收个几万块的姑娘也大有人在。

但决定最终挣多挣少的因素，不是谁更清纯、谁更漂亮，而是谁更敢扔掉底线，谁更坚韧。

她说的坚韧，是将自己整天献给虚幻世界不用去看外边的天。

是谁说过，所有命运赠予你的礼物，都暗中标了价格。

她说有个最早出道的姑娘，赚到了很多钱，脾气比明星还臭，因为在直播时习惯了众星拱月，以至于下了直播后还是会对身边的每个人莫名其妙地颐指气使、傲慢无礼。

但现实中谁也不吃这一套，所以她总是跟人一言不合就呛起来，待见她的人越来越少，于是她更加厌恶现实生活，索性整日把自己扔进昏天暗地的直播。

然后这个姑娘守着大把的钱，大把的名牌包，抑郁了。

有的姑娘一生努力终无果，也会抱怨为什么她们能轻松得到我一辈子都得不到的东西？

那有了这些，人生就完整了吗？

别以为你羡慕的任何东西别人可以凭空得到，你永远不知道对方事先付出了什么。

“国民老公”王思聪也在天天挨骂，再美的女神也会有人横加挑剔，这是个人人藏忧露喜的时代，我们不要试图从眼中的世界去质疑公平。

3.

你羡慕“网络大神”一年换一辆法拉利的牛气，却看不到他一个人的节假日午休再抓狂也要待在小黑屋里。

你奢望同学可以站在父母的肩膀上出国旅行去见识更广阔的天地，却看不到别人为了业余补课放弃自己的假期。

不是所有人都愿意向你袒露自己的不幸。

很多人都有自己不可实现的理想，每个人都有自己执拗地咬牙死撑的时候。

那些靠攀附飞上枝头的姑娘，她们此生无法解决的问题就是恐惧，因为靠自己无以为继，所以她们要可悲地持续依赖，一个不行，下一个，永无尽头。

我们该羡慕的，不该是那些含着金汤勺出生的贵族阶层，而是那些明明比我们好看还比我们努力的庶民傲骨。

4.

数年前的一天清晨，我来到北京入职。

中午有同事在帮大家统计外卖，二十块一份，然后把钱统一交给她。

我连忙说我朋友中午来请我吃好的，所以我就先不定了。

但真实的情况是，我身无分文，但又不能不要面子，所以只能体面地撒了谎。

那个时候，我对“白富美”那就是赤裸裸的阶层羡慕，以为普通人一辈子不会抵达。

多年之后，我定居大理全职写作，财务还算自由，也不再需要为了挤地铁东奔西突、把杯子里的豆浆挤出。

圈子内出现了越来越多的姑娘，被公认为“白富美”，但她们大多都腹有诗书，谈吐优雅，坐在那儿就会发光，根本不需要说话。

我突然明白，“白富美”从来不是一个人皆可为的职业，而是一枚唯有披星戴月饱经沧桑才会实至名归的勋章。

你以为他有点喜欢你，其实他只是正好没人陪

寂寞是谁都可以，喜欢是除了他谁都不可以。

1.

“我觉得我特别虚伪。”

她用这样一句开场白开始了我们之间的对话。

上个月，她失恋了，整个人开始变得狂躁不安。她很漂亮，身边一直不乏追求者，但她向来对这些自己不感兴趣的“烂桃花”敬而远之。

但这次失恋，对她来说，是致命一击。

因为她除了他之外从来没给过自己任何其他的可能性，家长见过，共同的朋友有很多，婚房里的每一件摆设都是她亲手挑的，她还以为她已经是这个家的女主人了，但她还是被一个闻所未闻的姑娘取代了。

于是，她喝了点酒后，主动联系了一个爱慕自己已久的男人。她说：“我可能现在过得不太好。”然后那个男的就开车来到她家楼下等她了。

那一瞬间她冲下去，钻进他怀里，大哭一场，感觉白衬衫很

温暖，她猜她应该也是喜欢他的吧。

但第二次约会要接吻的时候，她睁大眼睛看他一脸的享受，突然心底泛起了一阵恶心。

她说自己尝试说服自己是爱他的，不然也不会主动找他，但爱一个人，怎么会有身体排异反应呢？

我说："你自己分不清找他是因为寂寞还是喜欢吗？"

她摇摇头，努力地吐着烟圈，却怎么也吐不圆。

我说："那就换一个人试试。"

她睁大眼睛，惊问："换一个人？"

我点点头："嗯，**能换掉的，都是寂寞时候的替代品。**"

可能这样说很残酷。

但这些模棱两可的不清不楚，区分起来都是简单又残酷。

寂寞是谁都可以，喜欢是除了他谁都不可以。

你不能一直假装傻傻分不清，享受了最好的，却让自己伪装成那个最委屈的。

2.

后台有个姑娘，跟我说，她跟自己老板暧昧不清了三年多，她知道他已婚，但是舍不得他对自己的那份好。

老板的老婆常年在美国，基本上不回国，多数时候都是老板飞到美国去跟老婆孩子团聚。因为这一点，她觉得他的婚姻长久不了。

可是他从来没跟她提过自己要离婚。

她说以老板的经济实力，风月场上的女人想往家带多少就可以带多少，但是老板告诉她，只带她一个人回过家。因为她被允许在老板家的厨房做过饭，她说老板对她一定是真喜欢。

可老板每当飞去美国阖家团圆的时候，就会消息不回电话不接，绝对不会主动联系她一次。

这种若即若离的处境，让她整个人都脆弱到几近崩溃，感觉这样下去毫无指望，但每当她下定决心退出这不光彩的暗无天日的生活时，老板一条“想你了”的短信，就能让她不顾一切地原谅所有的“不得已”。

今年她28岁了，她开始感到害怕，怕自己苦等无果还会被一公司的人唾弃不要脸。

她没有问我是否该等下去，她说她只想弄明白，怎样才是男人的真喜欢？就算了断，她也需要明白老板待她这三年是否真心。

我问她，平常他会关心你吗？

她想了半天说，还没确立关系之前几乎无微不至，现在只会在想要我的时候找我。

说完这句话后，我的手机聊天界面显示了好长时间的“对方正在输入”，但最后她半字未吐，半晌，说了一句“谢谢”，之后匆匆下线。

很多姑娘不能确定对方的心意，总是强行拉拢一些蛛丝马迹证明他真的爱自己。

但一个人如果只有在空虚袭来时才会想起你，只是因为他需要陪伴的时候恰好你在，跟你是谁压根没有多大关系。

3.

那些耐得住寂寞的人，通常都是知道自己想要什么的人。

那些要么半年没动静，要么冷不丁发来一句“你还好吗”问候你一下的人，并不是你以为的“心里有你”。

公司里一个女孩有一次突然趴在桌子上哭得昏天暗地，有同事问她：“哭啥啊。”

她说，有个男的，跟她暧昧地聊了很久，两个人出去甚至约了好几次，她觉得是男女朋友关系了，但不经意间看到他跟别的女的说自己单身。

她关系最铁的一个小闺密就问她：“那你俩聊天都聊啥了？”

她脸一红，说，全是“那个”，但是你别误会，他其实很暖。

小闺密也是耿直，说了句：“中央空调的那种暖吗？”

她自己“扑哧”一下笑出声儿来。

一个人真喜欢另一个人，巴不得让全世界知道他已经有主了，怎么可能调头跟别的姑娘装单身。

女人心动会大胆，男人心动会谨慎。

不关心你上下班坐几站地，不在乎你是否已为人妻，只是一个劲儿地跟你聊性说爱的人，不过是在对一个陌生人过把意淫的瘾。

不要说什么他至少对我不讨厌。

不讨厌也不会变成真喜欢，但凡把你放在心上的人，悲喜皆由你而起，喜怒不由自己。

4.

不要在寂寞的时候四处聊天，因为你头脑一热很有可能让自己陷入煎熬。

那些到最后累心又内疚的尴尬关系，哪一个不是因为精神上丧失了耐心，肉体上按下了快进。

如果你的未来，从来没有想过要邀请对方一起去经历，那现在的肉体欢愉都将成为蒙蔽你内心的把戏。

这世间的情情爱爱看上去扑朔迷离，有人因为约个会成了夫妻，有人结完婚因为婚外情才知道了什么是怦然心动。

最危险的，不过是他想尝试，你刚好出现，一腔热情碰上了试试看，这场误会常常没办法走太远。

毕竟，**寂寞的时候想起你，你只是一种安慰；不寂寞时依然牵挂你，你才是“闪闪发光”的全世界。**

只有真正的“黄金剩女”，才真敢等得起

等得起的底气，靠的永远是一个优质的自己。

1.

前不久传出舒淇大婚的消息，大龄“单身狗们”瞬间兴奋了，很多文章开始忙不迭地温情安抚，“只要最后是你，晚一点没关系”，“人生不怕晚，你爱的人终究会来”……

有读者留言说：“轨姐，我今年才三十二岁，比舒淇小多了，人家敢为了对的人等到四十多，但是我为什么却狗一阵猫一阵的呢？今天喝了‘鸡汤’瞬间底气十足宁缺毋滥，明天一觉醒来一提婚姻大事还是会焦虑到面瘫。”

为什么有人剩得这么有底气，而我们却深感实在是等不起呢？

一个同事，1985年的，南方姑娘，非常漂亮，入职那天就惊艳了全公司的人。

听说她本来是不打算出来工作的，因为前不久刚谈崩了一场差点就步入婚姻殿堂的恋爱，这才导致了她的梦碎今朝。

当时她跟男朋友的感情非常好，男方虽不是豪门世家，但是有房有车，长得也超帅，各方面没得挑，就在双方家长碰头确定

婚事的那天，出事儿了。

同事妈妈要求婚前必须在房产证上加上女儿的名字，理由很直接，她非常疼爱自己唯一的女儿，女儿从小经历了一个父母离异的家庭，她爸爸跟别的女人跑掉的时候，什么都没有留下，她不想将来发生不愉快的事情时，女儿会落得跟她同样悲惨的下场。

此话一出，当时气氛十分尴尬，她男朋友默默地看了她一眼，希望能看到她的态度，而她目光躲闪，选择不看他默认了妈妈的提议。

她男朋友看到自己的妈妈也皱起了眉头，瞬间急了，赶紧对同事妈妈说："阿姨，要不我们家订婚礼金多出一些，你看这样行吗？"

双方父母都没有回应，后来，这段婚事黄了。

男方家庭经过深思熟虑，觉得她们家这种"遗传性缺乏安全感"的病并不利于家庭的稳定，毕竟，还没结婚，就开始张罗着从财产上想好了未来离婚的退路。

提起这段往事，她哭得泣不成声，说这些年从来没找到过一份正经的工作，老板聘用她都是想睡她，好不容易碰上个各方面都满意的人，还是黄了，她说害怕自己这辈子就这么高不成低不就地剩下了。

有朋友安慰她，黄了就黄了吧，你这么漂亮，不怕剩下。

她抬起头说了一句在场没有一个人敢接的话："我除了好看，

什么都不行，有钱人都不傻。”

等得起的底气，靠的永远是一个优质的自己，而不是赌一副皮囊待价而沽的机遇。

2.

如今的舒淇，内心刚毅，骨子柔媚，身披婚纱坐在冯德伦身旁，年过四十嘴一咧，却依然是萝莉般抹平人心的微笑与恬然。

谁又知道，从三级艳星到一线影后，从无数段若即若离的关系中黯然退场到如今嫁给了陪跑 20 年的冯德伦，没人知道这几十年她到底经历了什么。

舒淇曾说，“我觉得自己是一个奇迹”。

然而，别人口中的“奇迹”和“运气”，你可千万别当真，任何奇迹背后都是咬牙坚持的心酸与货真价实的努力。

为了十万元薪酬，舒淇拍摄了六部三级片，对于当时家境贫穷的她而言，实在是超满足。

刚到香港时，舒淇不会粤语，住在地下室，天天对着电视机、广播练习，玩命工作，接连几个春节回不了家，除夕夜也得开工。三年一口气拍了二十五部电影，几乎没给自己放过一天假。

然而，苦难从来不会这么轻易结束，别以为你努力上进观众就会买账。

1995 年，她出演王晶导演的《玉蒲团之玉女心经》，从此名声大噪不假，艳星这顶荆棘王冠却也愈发难摘，人人都觉得她这辈子再无翻身可能，提起她来，就俩字，脱星。

舒淇甚至对自己的经纪人说：“我好羡慕张曼玉啊。”

2005 年，她终于站上了第 42 届金马奖的领奖台，她一直站在台上哭，下台后直接把奖杯送到了父母家里。

一个这样孩子气的举动，透出多少辛酸与不容易。

这些年，她爱过三个男人。

她爱黎明，黎明直到娶了乐基儿也没有对外界承认过他和舒淇的关系；她爱张震，却在张震大婚后眼含秋水地笑说“你还不是娶了别人”。人人都说舒淇性感，舒淇妖娆，却也在一次又一次的黯然退场中，听到了“没人敢娶她”的另一种声音。

她爱冯德伦，貌似也没有那么顺利。如果彼此之间真的那么笃定不移，谁还舍得要你等二十年才肯娶你为妻。

还好，她终于嫁了，她纯真的笑容，终于在秋季到来。

她的笃定等待，也伴随着一次又一次的空欢喜，但是却从来没有一次，因为“身边的人都嫁了我也应该嫁了”而把自己草草交付。

这些年，舒淇的努力，不断地让她在自给自足中顶风而上，成就了一个站在金字塔顶尖的“黄金剩女”。

于是，她明白自己有能力选择，所以不慌；她知道自己有底气等待，所以无妨。

3.

当年看《返老还童》，记住了这句话。

“一件事无论太晚或者太早，都不会阻拦你成为你想成为的那个人。”

但是，无论早晚，如果你不能确定自己想成为一个怎样的人，就不会有清晰的人平白无故地守在时光尽头等你。

有一把年纪终成眷属的人告诉你，绝对不能妥协啊，你早晚会遇到对的人，得沉住气，一切只是时间问题。

你母亲你二姨你七姑告诉你，女人一过三十可就不值钱了，到时候再挑只能挑二婚男人了，趁着好年纪别那么多毛病了，抓紧结。

婚恋市场里的价值曲线不断地渗透进过来人的婚姻观里，他们会用他们经历过的婚姻所得出的结论，试图给你一些骇人的警醒。

你可能有点懵，这些年，各种人在你视野中流窜，于是你见识过美人迟暮无人睬，也目睹过饥不择食悔一生。

但是，正如菲茨杰拉德所说，这世上有成千上万种爱，但从来没有一种爱可以重来。

只要你在心神不宁中迈出了焦虑的一步，你就踏上了一条不知前路的漫漫赌途。

4.

有很多读者跟我讨论过大龄女人的安全感。

不少人说，女人年龄越大确实就越害怕啊。白天还好，一到晚上，一个人往两米大床上一蜷，立马就会像一头没着没落的河马，沉重又孤单。

需要搞清的是，我们想要的安全感，是独立精神的缺失，还是占有欲的放肆。

你把婚姻当成一种估值交换，那年龄越大确实赔率越高。

你把婚姻当成是一种一生相守的寻找，那年龄只不过是一个数字而已。

结婚或者剩下，没有哪一种状态谁比谁更高尚，区别只是每个人的选择不一样。

人人都会畏惧时光老去，但是天底下从来没有同一种剩下。

你没必要跟旁人说你是主动剩下还是被动剩下。

你只需要持续精进，不断打造一个优质的自己，直到有一天，你不再需要通过嫁人来换取殷实的物质，也不再需要用漂亮去制衡对方的江山城池，这时你才真正有了等得起对的人的底气。

因为，只有你正在过着的日子，才会让周遭的非议闭嘴。

当你拥有独立的个体基础，你才会停止用别人的物质去补偿自己内心缺失的安全感，这个时候，你才会清醒地抛开那些左右你内心选择的表象，真正去寻找一个与你有共性并能吸引的人。

直到有一天，悠悠山水间，短短几句话，让你大惊失色，至此便可交付终身。

这个人，才是你正在等待的对的人。

而他们，只属于正在战斗的“黄金剩女”。

第四章

别把自己的无脑，当作是别人开不起玩笑

希望你过得好，但是不能比我好

一个人嫉妒你，就喜欢用自己的价值观来绑架你。

1.

周末，一辆车子在洱海边穿行，烟水茫茫，目送秋光。

车子上坐着五个女人，都是同住一个小区的朋友，其中两个是大学同学，据说俩人毕业后一起在大理买房子做了彼此的邻居，令人艳羡。

一个朋友在小群里提议，周末一块去金梭岛看海上日落。本来全票通过，出发前各种零食带全，跟小学生开运动会一般兴奋、欢呼雀跃。

但是路程刚走到一半，大家却各自下车，不欢而散。

中途发生了一件这样的事。

车子走到“海东方”时，一个朋友提议轮流讲笑话，规则是笑料最足的那个人，她在岛上的消费被其他几个人包了，笑话最老掉牙的那个人，则要给大家买下午茶。

众人欣然同意。

从副驾驶开始，起初节奏相当不错，轮到这对同学的时候，

A同学自告奋勇地说：“我先讲。”一口气说了仨，笑得整辆车子都晃荡。这姑娘讲起笑话来十分有天赋，大家都觉得她开朗又好玩。

到B同学了，半天没吱声，我瞄了一眼后视镜，一张木讷的脸红到了耳根，紧张的像一个被老师提问到的小学生。

后排有朋友见状，赶紧解围说：“没有也可以不讲。”

A同学乐了：“怎么没有，她有，快点，你好好想想。”

提示起了作用，B同学开口了：“有一天，一个矮个男的过来问我，你这么高怎么不去打篮球啊……”

“哈哈哈，然后你回了他，‘你这么矮怎么不去卖煎饼啊’，这个我听过”。A同学抢了话。

B同学憋得满脸通红，于是又讲：“一个同学突然跑过来问我，你有《时间简史》吗……”

“‘你有病吧，我有时间也不会去捡屎啊’，哈哈哈，我就知道你就没有我没听过的段子。”A同学又毫不含糊地上去给她盖了帽。

“你是董小姐吗？”B同学脸色有些不太对劲儿了。

“谁是董小姐？老子姓赵！”A同学一蒙，不满地白了她一眼。

“你不是董小姐还在这装得什么都懂！”

最后这个笑话冷得一车人说不出话来，俩人在“你什么意思？”“你什么意思？”的死循环中对峙了几个来回后，撕破脸下车了。

于是，一次愉快的周末度假计划顺利泡汤。

失意人面前不提得意事，这是人与人之间最基本的相处之道。

能够忍住不说，保护别人的喜悦，才是朋友最好的善意。

2.

有一天你领着你的大长腿媳妇从美国回到了村里。

你爷爷一高兴，放了一挂鞭炮，吓得村口的狗撅着屁股跑出去二里地。

你小学同学王麻子闻讯赶来，叼着烟看了一眼你膀阔腰圆的洋媳妇，大黄牙一呲，呼唤着你的外号：“哟，二狗子，厉害了我的哥，咋发达的啊？”

你娇羞地开了个头，“我在美国那些年……”，还没等进入主题，王麻子白眼一翻，大手一挥：“算了，别说了，出国了不起啊，说了咱也听不懂啊。”

直到有一天，你听说王麻子四处跟同学们说，二狗子跟从前两样了，张口闭口都炫耀出国那些破事儿。

直到有一天，你一说自己出国，有人就递上来一句“你家真有钱”。

你才知道。

有些事儿，在你看来，这是你的生活，在别人看来，却可能是

在打肿脸嘚瑟。

人性里有一些丑陋的东西，比如笑人有、恨人无。

比如看到不相关的人过得比自己好会羡慕，看到身边的人过得好反而却嫉妒。

3.

一个姑娘曾给我讲过一个故事，有关她与她最亲的闺密。

她上大一谈了男朋友后，就疯狂地给她闺密介绍男朋友，原因是她担心闺密会抢自己男朋友。

但是，她又不希望闺密的男朋友比自己男朋友条件好。

于是当“高富帅”追闺密，闺密心如有小鹿乱撞地来征求她的意见时，她劝闺密一定要拒绝，因为有钱又帅的人靠不住。

后来她介绍给闺密的那个男朋友，拿走闺密的初夜后，以“初夜没流血”的理由愤怒地抛弃了闺密。

她说她搂着闺密安慰她的时候，不知道为什么，没有愤愤不平，却心有一丝爽意。

在她眼里，闺密论长相，论才华，论家世都不如她，所以也不配有比她更好的人生。

用她自己的话来说：“我希望她好，但是她不能比我好。”

毕业后，她惊闻闺密拿到了出国的机会，更让她受不了的是，她至今大龄未嫁，闺密却嫁给了一个家境富裕的帅哥，老公待她如获至宝，还在微信朋友圈晒出了大肚照。

她暗暗冷嘲热讽，认定朋友圈里闺密的那些照片全是P过的，但是前不久见了真人后，她才知道什么叫作蜕变。

给我讲这个故事的时候，她正在上海浦东的一个八平方米出租屋内吃着泡面，手边是一摞简历。她说下午约了一点的面试，外边还下着大雨。

她说着说着就哭了。

她说，一想起她来，就万念俱灰，不想看书，不想工作，不想出门，认为一切都没了意义，就在刚才她还在极力劝闺密不要这么早要孩子，会破坏夫妻感情。

于是，她问我自己是不是病了？

我说："你是病了，得了一种见不得别人好的病。"

有些人，自己不愿意努力改善，就会想方设法拉着别人一起腐烂。

一个人越是不能以平常心对待别人的幸福，就越容易滋生戾气，伤人害己。

4.

《来自星星的你》中，千颂伊对着想方设法贬低她的"闺密"说：

"人心就是如此，看到处的地方比自己好的人，不是想着我也要去那里，而是你也来我这泥潭吧，下来吧下来吧，但是，不好意思，我是不会下去的。”

尼采在《与孤独为伍》中写道：**“特立独行的人总是令人反感，因为他们与众不同的生活方式使周围的人感到自卑。”**

所以，在优秀人群周围，经常生活着一种 360 度看不惯别人的自卑人种。

他们一提“90 后”，就嗤之以鼻，“一群‘杀马特’，什么事都不懂还矫情”；一看到中年人转发养生帖子，就说人是无脑；一看到漂亮姑娘特受欢迎，就说这种女人光指着一身狐媚妖气。

你怎么没看见人家“90 后”为了一个承诺就能刀山火海吃尽苦头呢？你怎么能确定人家中年人转发养生帖不是为了提醒在外打拼的儿子注意身体呢？你怎么能懂人家姑娘明明可以靠脸吃饭却偏要靠实力吃饭的尊严呢？

这些人的成长逻辑很奇怪，他们看到身边的人发达，第一个反应不是欣喜，而是打压与贬低。

嫉妒是人性，大家谁都有，但是一个成年人，要学会调整自己从哭着嫉妒到笑着羡慕。

一个扭曲的人，通常问题不是出在天性卑劣，而是出在甘于平庸，不断找借口拒绝改善，并设法用平庸去同化别人。

一个人嫉妒你，就喜欢用自己的价值观来绑架你。

一个人羡慕你，则会努力改变自己。

上赶着点再多赞，别人也不会多看你一眼

唯有提供价值，才能赢得尊重。

1.

一个销售出身的姑娘给我讲了一个“世态炎凉”的故事，有关闺密情谊。

这个闺密是她的发小，一个村儿的，住在她家隔壁，有着小时候互相串门蹭饭的交情。

直到闺密小学一年级突然被她爸妈调到了市里念书，中间有七八年的时间，俩人海阔山遥，再无联系。

中秋节闺密突然回了一趟村里，她喜上眉头，惊呼万千，主动去她家里坐了一会儿，三句不离想当年。

闺密看上去风平浪静，冰雪襟怀，张口就是琉璃世界，言谈中全是客客气气。

此刻再见，一个是司法口的高官，一个是嫁做人妇全职带娃的小媳妇。

自别后，闺密发的每一条朋友圈她都点赞，逢上节日便主动发祝福消息，但她发的朋友圈，闺密没有点过一次赞，她发的节日祝福，只收到一句“谢谢”。

一个周前，一件事情成为两人撕破脸的导火索。

她老公凌晨两点酒驾被关了进去，她抓起电话就给闺密打了过去，“看能不能走动走动”。闺密那边听上去睡得迷迷糊糊的，只是问她有没有撞人，她说没有后，闺密就说那没有太大的事情，拘几天就出来了。

她一听懵住了，怒了。

她连讽带刺：“你说的这是人话吗？这就不是你老公，这要是你老公，你舍得让他在里边待几天吗？人发达了还真就是不一样啊。”

闺密那边淡淡地说，我老公不会酒驾，即便酒驾了我也不会麻烦别人。

她气哼哼地问我：“人是不是发迹了都会变得忘恩负义？”

我问：“你对她有什么恩情？点赞？”

她一听我竟然不向着她，有些不高兴了，说：“点赞怎么了？她整天发的那些东西我都懒得看，我点赞是给她面子，她是给脸不要脸。”

我说：“你确定你点赞的时候不是在提醒对方‘别忘了我？’”

有些人的交友逻辑很功利，会把所有认识的人归纳成从自己需求出发的有备无患。

两个人不在一个层次上，带着目的性去跟对方接触，并不会帮你赢得朋友。

2.

刚毕业那年，作为报社记者我参加了一个国际论坛，主办方邀请了著名作家二月河，《康熙大帝》的作者。

作为一个热爱写作、刚毕业的标准文艺女青年，这还了得，必须抓住机会。

我于是想方设法跟了二月河那组，打着采访的幌子，急吼吼地往他身边一站，找了个同行帮忙合了一张影，挽着二月河胳膊，穿着一件“杀马特”过膝T恤，当时觉得特来劲。

如视珍宝。

回来之后找了几个“铁磁”挨个炫耀了一番，“哎，知道二月河吧？你看你，咋他都不知道，《康熙大帝》的作者啊，我跟他合影了，发给你看看！”

无限满足。

一周后，来了一个奇妙的剧组，说要借我们报社场地来拍一个电视剧，于是周末清场，里边还有著名演员，我当然没有错过合影的机会。

等周一回到办公室，我一打开电脑，登时傻眼了，不知道哪个手痒的人把我里边的东西全删了，连桌面壁纸都变成了“英特尔蓝”。

我站起来，遥望四周，坐下，再站起来，在办公室嗷嗷叫：“这是我座位吗？这是我电脑吗？”

收到同事们肯定的目光后，我放心地号啕大哭，撂摊子要辞职，说啥也不想干了。

原因是，二月河跟我的合影还在里边呢，这让我以后还怎么装酷！

几年之后想起这件事儿来我都乐得直抽抽。

前不久，受邀参加一个电影首映式，台上有我喜欢的演员和导演，一个编剧朋友拿肘部捅我：“哎，你要跟某某合影吗？反正咱坐在第一排。”

我一乐，说：“不了。”

他哈哈大笑，说：“别端着了，一把年纪追星也不丢人，赶紧的吧，失不再来。”

我说：“写牛逼的剧本，以后邀请他来演，那时候坐一起，大家才有得聊。”

了解一件事情的意义，确实需要花费一些时间。

能够打动人心的，要靠的是你的专业精神与对一件事情的热爱，而不是你上赶着讨好别人的殷勤。

3.

建了读者群后，很多读者会申请加我好友，我极少通过。

原因其实很简单，加了也没什么意义。

通常是寒暄一句，久仰啊，轨，文章写的不错嘛。这个时候我能回的也就是一句礼貌性的“谢谢”，之后便山河永寂。

用不了一个月，你偶然发现对方在发微信朋友圈，就会大惊，咦，这个人是谁来着？

这就尴尬了，朋友圈全是一堆不认识的人。

刚进圈子时，人脉广泛的朋友拉我进过一些“大V群”，一看到有名人在里边，第一个念头就是，呀，我要不要加他啊？加了他能说什么呢？久仰大名？感觉太俗。非常欣赏您？人家还用得着我欣赏吗。

其实，无话可说。

那我加他的目的是啥？

找人陪聊？彼此不相熟，自然就冷淡，这滋味能好受？

向朋友炫耀我认识某某“大咖”？你认识人家，人家认识你吗？

无话可说的情况下，还要加人好友，既是在浪费别人时间，也是给自己找不痛快。

有些奇人看上去非常厉害，谁的微信号都有，一提起人脉来，甭管是谁，都能拍着胸脯说“我认识，这我哥们儿！”

然而，**没有互动，并不交流的人脉，是废人脉。**

你认识他，他不认识你的朋友，是假朋友。

4.

工作时，我们经常会发现有一种人。

外向善言，谈起业务来全靠酒，跟谁交流起来不管听懂听不懂都在点头，谈不谈得成先砸钱，伺候起甲方来烟酒样样有。

但是这种人却很多业务为零。为什么？

所谓“善于交际”，不等同于只是善于客套与拼酒。

对于讲求利益的商业法则而言，交际技巧可以赢得快速熟络，而职业水准与利益吸引却能赢得深入。

一个对业务狗屁不通、对竞争对手一无所知的人，能够换来的只是对方酒足饭饱的“再联络”。

商人都是逐利的，关系长久与否，看的是资源互置与利益交换。

朋友都是交心的，双方深交与否，看的是旗鼓相当与三观相合。

残酷的是，交友与经商的内核，都是**唯有提供价值，才能赢得尊重。**

只有自己的价值凸显，成为一个值得交往的人，才会吸引同类向我们靠近。

朋友圈里的点滴琐碎，曾是我独一无二的青春

一个人的自我发现，终究是一个悲哀的过程。

1.

“富二代”小野同学十一期间飞去了马尔代夫，假期过去三天了，微信朋友圈一张照片没发，这完全不是她的风格，我有些诧异。

“怎么没见你在朋友圈发东西？是把我屏蔽了？还是马尔代夫的海水不够蓝？”

“不不不，都不是，就是觉得没意思了，就算发了也没几个人点赞，他们还得反过来说我装。”

有段时间，我莫名陷入了存在与虚无的纠结，决定对无意义的事情做减法，索性把朋友圈“停业”了几天。

第三天，一个关系亲密的作者来找我。

“轨大作家，最近看不到你在朋友圈发新动态，我写书的灵感都枯竭了，你没事吧？”

“哈哈哈，一边去，本宫只是想体验一把君临天下、冷眼看苍生的感觉。”

这就是朋友圈的两种朋友。

第一种，你晒娃，你发自拍，你聚餐，你旅游……他不点赞不评论，心里默默嘀咕：女人生个孩子怎么就变成了这副德行？丑就丑吧，不美颜会死吗？吃个麻辣烫都拍照，你怎么不直播吃饭啊？一出门就晒机票，你以为装个酷就不用“吃土”了？

第二种，你一发朋友圈，“哈哈哈”；你不发朋友圈，“没事儿吧？你不装酷哥们儿不放心你，赶紧发吧。”

真朋友，只要你一张开嘴，他就知道你要说什么话。

伪友谊，不管你张没张嘴，他都会全当你在放屁。

在满身戾气的人眼中，所有的晒，都是一种炫耀。

2.

一个哥们，今年三月份突然在朋友圈发了一个公告。

“最近觉得朋友圈甚是喧嚣，所以决定以后不再发朋友圈了，这不代表发朋友圈有什么不好，只是自己想得空看书练琴，你们发朋友圈，我依然会看得欢喜。”

他更新这条状态的时候，当时就坐在我对面。

我笑着说：“你这个牛可吹大了，以后手痒还得啪啪打脸。”

他哈哈大笑，把这条状态底下的留言拿给我看。

我瞥了一眼，乌泱乌泱的“吃瓜群众”煽风点火坐等他破戒。

时隔半年，他当真一个字也不曾再发。

圈子里有人偷偷问我：“轨啊，你说他会不会得了抑郁症啊？”

然而，并没有。

这半年里，他读完了32本书，看了68部电影，给读过的每一本书做了精密的思维导图，给看过的每一部电影写了结构分析与归纳总结的影评，还跑去某知名大学讲起了课。

有人只能在朋友圈里感受到悲欢，所以卖力求赞；有人强大到可独享半亩方田，所以谢绝纠缠。

朋友圈是一个虚拟舞台，人们在台上展现的都是自己想要给别人看的一面。

3.

前段时间去了一座很美的尼姑庵，漫山多肉植物，日照香炉，闲云花影，映阶碧草，美得忍不住发了朋友圈。

一个朋友在底下留言：“好美啊，拿走。”

我纳闷，这是要拿走啥？

五分钟后，她一张不落地发了我拍的照片，一字不差地挪用了我的文字，兴致勃勃地回答着底下“好美啊，你这是在哪儿啊”的诸多提问，她参照我回复给别人的话“寂照庵啊，在大理呢，美不？”

看完我简直哭笑不得。

什么时候起，朋友圈成了一个复制别人人生的孤独丛林。

4.

从前，我们为了发一个获赞颇多的自拍照，P了半小时还得问问身边的人：“你看这两张哪张更好？”

从前，我们看“鸡汤”的目的就是为了抄金句，以备日后卖弄文艺的不时之需。

从前，我们怕自己发的状态太低级，于是从别人那里偷点高品位但自己根本就不懂更不关心的东西。

后来，我们发现外边的世界有些太吵，突然想要听听自己的声音。

后来，我们发现从前发的那些状态，突然觉得没有一条有必要发出去。

后来，越来越多的人觉得“发朋友圈根本没有意思”。

一个人的自我发现，终究是一个悲哀的过程。

不断掀翻从前认为有趣的东西，不断告别自己从前轻而易举的欢呼雀跃。

5.

当人云亦云的把戏让你开始觉得乏味，当你听到一些网络烂梗不但笑不出来反而觉得平庸，这便是你淡出朋友圈的开始。

在一个公司上班的时候，一帮同事突然亲密得像是为你而生的“送赞干部”一样；当你一夜离职，这些人又像突然去世了一样从此销声匿迹。

你有些困惑。

你认为自己可能有些讨厌一个朋友，于是几年前你偷偷拉黑了她，然而她至今，也没发现自己竟然被拉黑了。

你有些落寞。

朋友圈曾给我们展示过各种岁月静好，朋友圈曾让我们看尽人情冷暖，朋友圈曾让我们重燃了分享美好的习惯。

如今，朋友圈却最终让逐渐成熟的我们明白，很多看似亲密的人之间，其实一直都隔着灰蒙蒙的高墙。

今天早上我拿出手机，胡乱翻了一通朋友圈，并没有出现放假前大家调侃的“朋友圈旅游摄影展”盛况。

我怀疑手机坏掉了，转身问身边的他：“你的朋友圈也这样了吗？”

他刷了两下，说：“是啊，为什么呢？”

我说：“可能大家终于不需要靠别人的反馈才能过日子了吧。”

我们不太爱发朋友圈了，于是拔剑四顾心茫然的那天终于到来，我们终于能够平静地给时间时间，让过去过去。

你还爱发朋友圈，也不能说你十分低级。

毕竟，**那些别人看不起的点滴琐碎，曾经是我们独一无二的青春岁月啊。**

听过《笑忘书》吗？

“时间是怎么样爬过了我皮肤，只有我自己最清楚。”

别把自己的无脑，当作是别人开不起玩笑

开玩笑是为了让别人开心，不是让你揭别人短为自己寻开心。

1.

一个刚毕业的大学生，跟我说他怀疑自己抑郁了，费尽万难找了一份工作，眼看就要转正，却发现自己陷入了害怕上班的焦虑。

主要原因，是他遇到了一个“爱开玩笑的经理”。

他今年刚入职，到一个传媒公司做编辑，一群整天玩文字游戏的同事嘴巴跟刀子似的。他是新人，所以不知道怎样应对才是合适的尺度，于是不管别人说什么，他就“嘿嘿嘿”地糊弄过去。

有一天加班，女朋友来公司找他。

这个经理飞奔过来朝他肩头一拍，惊讶道：“外边是你女人？”

他点点头。

经理“呵呵”一声，笑吟吟地捅了他一把：“你这么胖，也不怕把这么小巧的姑娘压死，你该加班加班啊，要不我替你陪女朋友练练咋样？”

他当场就惊呆了，尽管心中很愤怒，却完全不敢表达出来。

经理一看，情况略尴尬，于是没好气地说：“你看你，我就随口说说，连个玩笑都开不起，以后开不起玩笑提前说话，我是‘理

工男’，情商没高到说句话还要拐弯抹角。”气哼哼地扭头走了。

他当即被反咬个措手不及，可他才跟这位经理认识不到俩月，真没熟到可以开这种玩笑的地步。

他说他不敢得罪领导，因为直接领导的转正意见很大程度上决定着他的去留。

他问我：“轨姐，我想知道，真的是我开不起玩笑肚量太小，还是我经理这种‘理工男’情商太低了？”

去你的情商低。

是谁告诉你，可以随便打着情商低的幌子来开脱自己对别人造成的伤害的?

2.

一旦你有了别人望眼欲穿都得不到的东西，你就触发了一部分人言语尖酸的本性。

谁身边也不缺“奇葩”。

对付那些把嘴贱看成心直口快的优秀品质的人，你发脾气，他会有“你开不起玩笑，肚量小”在这儿等着你；你隐忍而过，他会觉得你没有底线，说啥也不会生气，日后会变本加厉地欺负你。

这个世界就是有那么一种人，骨子里自带攻击性，常年用一种看似玩世不恭的调侃四处试探别人，常年以揭人短为乐，再令人开心的一件事儿到他那儿就得想着法子给你添堵变味。

心理学家保罗·格拉汉姆研究发现，社会地位越低的人越喜欢用最低等的方式揣测抹黑别人的言行，而这类抹黑在沟通中完全等同于垃圾言论。

垃圾人群生产垃圾言论，他们的流氓逻辑无人能敌，理论上要想清静，唯有远离他们。

但是总有一种人，像电影里的丧尸一样，你不干翻他，他就会追着咬你。

永远不要低估这种人恶心你的能力。

3.

一个朋友，在金融体系工作，早些年攒下一些积蓄。

他的一个亲戚，频繁地跟他远在老家的母亲交好，时机成熟后就诚恳地表示，自己最近打算做点生意，差二十万，希望能借点钱。

他母亲左右为难，但舍不得姐妹情深，于是给儿子打电话说明了情况。

朋友一看是母亲亲自开口，也不好拒绝，借条都没写一个，就借给了“母亲最好的姐妹”。本来说好今年年初还钱，但是毛都没还一根，也没给个说法，今年中秋节也没再跟他母亲走动。

九月初的时候，他投资失利，为了维持公司运转，没头苍蝇一样四处借钱。

我问他，为什么不把之前的外债先往回收一收。

他苦笑一声，那个传说中的亲戚，生意做赔了没钱还，偏偏还死要面子，每天穿得珠光宝气，开着当初买下的豪车。

为了周转，朋友欠下不少外债，厚着脸皮跟她商量是否方便还钱，你猜她说什么？

她说："你那么有钱，这点钱不还了吧？"

朋友在电话这头一时不知道该如何回她，过了好半天，那边传来爽朗的笑声："你看你这小气样儿，婶儿跟你开玩笑呢，至于紧张成这样吗，我现在没钱，有钱就还你了。"

"咔"，那头生气地挂了。

我说，有什么好商量的，为什么不直截了当地让她还钱？

他支支吾吾说，磨不开脸。

就是因为我们对某些人太讲体面，所以他们才会愈加猖狂。

4.

跟对方说"我说话直，你别生气啊"之类的话，这就跟一巴掌扇对方脸上，却"温文尔雅"地说一句"我下手狠，你别嫌疼啊"给对方带来的伤害一样大。

一个人不能对自己说的话负责，就失去了生而为人最基本的礼貌，还有脸说什么"开个玩笑"？

开玩笑是为了让别人开心，不是让你揭别人短为自己寻开心。

麻烦你别把自己的无脑，当作是别人开不起玩笑。

如果跟这种人避不开短兵相接，那就强硬翻脸亮出自己不可触犯的边界；如果不至于触犯个人核心利益，那就体面地结束这段关系。

一个能与这类人迅速划清界限的人，往往都具有一种驾驭事态发展的能力。

对待这类人，最机智的方法就是话锋一转，快速摆脱。

不久后，你就会发现一个定律。

十年之前，你不认识我，我不认识你；十年之后，你还是你，我还是我。

谁的钱都沾着血汗，占人便宜别太理所当然

你可以爱钱，但你不能通过张嘴等喂去实现。

1.

昨天一个读者给我讲了一件让她十分不爽的事。

她曾跟一个大学同学关系比较好。

因为她老家是一线城市，跑到二线城市读书，家庭条件略好，生活费宽裕，而她的同学老家在农村，条件一般，所以上学时候但凡出去吃喝玩，全是她一个人在掏钱。当时她觉得没啥。

毕业之后两个人一直保持联系，刚好前几天去同学老家所在的城市出差，同学听着异常兴奋，非要聚聚。

于是，同学带来了男朋友，各种寒暄，说她是北京人，“大土豪”，餐馆定的档次非常高，什么贵点什么，起初她很感动，一再谦让不必这么夸张。

吃完饭后该买单了，同学跟她男朋友岿然不动，俩人都气定神闲地看着她。

她尴尬地说：“要不咱们买单走吧，天也不早了。”

同学说“好啊。”开始张罗服务员打包……完全没有起身买

单的意思……

眼见着她起身要去买单了，同学推搡了一下身边的男朋友："要不你去买单吧，这顿不便宜，还是我们请吧。"

高潮是，这位男朋友拿出钱夹子当着她的面打开，里边七零八碎加起来不过百，悻悻地说："要不我出去取个钱。"

同学说："那最近的农行在哪儿，是不是还有三个路口，不近啊……"

这顿饭花了七百多，以她买单、她同学跟男朋友一抹嘴打包菜带走告终。

"其实大家都工作了，仨人一顿饭七百块也不至于到花了就要'吃土'的地步，只是我不明白，大学时候她就经常开玩笑问我要不要请她吃饭，可这都来她老家了，她为啥还要带上她男朋友一起来蹭饭。老让别人买单她自己不觉得丢人吗？"

幼稚！当然不会觉得。

有一种人，不管你跟他出去多少回，他这辈子都不会向你展示一次掏钱包的动作。

掏钱包太危险了，万一他假装让一下，你真让他付了可咋办？

你觉得他是你朋友，人家觉得你只是一台行走的 ATM 啊。

真朋友都唯恐你吃亏，伪友谊才不遗余力地算计你。

2.

我以前做记者时，采访过一个人到中年的民营企业家，当时同为‘北漂’，老家同在山东，于是机缘巧合地成了多年好友。

他从收废品起家，人生一波三折，后来办厂子、搞投资，目前几个亿的身家。

年前回家碰到一起，咖啡馆坐着唠了会儿嗑。

我说：“韩老板大过年的也没去参加一下同学聚会什么的啊。”

他摇摇头笑，说：“戒了。”

“之前参加过几次，比较失望，每次都是不知道谁组织的，位置定了，人定了，说就差我了，我当差我什么呢，原来是差我去付钱啊，一桌同学都用一种‘你有钱就应该你买单’的眼光看着我。

“我是有俩钱，但我不是冤大头啊。

“花钱可以，得让我心甘情愿，我有钱我也不欠他们任何人的。

“除此之外，谁家孩子病了立马找我要钱，谁家装修房子手头紧也得问我要钱，谁家外甥找不到工作还是得找我落实，哪一件敢推辞或办得不称心，就立马背地里给我扣上个‘为富不仁’的帽子。再不敢去了。”

通常，Loser 的逻辑就是这么让人无语。

有些人混在底层却好吃懒做，赚不到钱全赖这个社会不公；看到有漂亮姑娘花枝招展，就满口造谣说人家有多虚伪；看到熟人发迹了就赶紧去捞点儿，没能得偿所愿就四处咒骂别人“忘恩负义”。

只要他自己过得不好，那全世界都要对他饱含亏欠。

3.

微信群内冷不丁就要发红包、抢红包。

本来是大家折腾点小钱图一个热闹，但却能从中看出每类人的品性与心态。

这些人，可以分成三类：

a. 经常主动发包，数额大小随机，不太计较，发完就撤，图一热闹。

b. 有发有抢，不发不抢，抢到就发个“谢谢老板”，没抢到自个发一个乐一乐。

c. 极少聊天，只抢不发，经常还要怂恿别人发。

第一种人，通常生活达观，不爱计较，平常与朋友吃饭爱抢单，有忙能帮就帮。

第二种人，讲究礼尚往来，如果钱包里没钱，就不好意思去吃喝别人。如果条件平平，你若送她一盆天竺葵，她早晚要还你一束郁金香。怕占别人便宜，唯恐亏欠别人。

第三种人，只要寂寞，必然问你要不要请他吃饭；只要有局，必然上赶着蹭吃蹭喝；只要买单，要么借尿遁要么敷衍你一句“这次你来，下次我来”。

抢红包这事儿极小，却能看尽各种人性丑态。

就事件本身来说，就是一群人图个热闹，没人会计较谁多谁少，谁也不指望靠这点钱建功立业、富甲一方。

但这件事情的本质却十分有意思。

抢是索取，发是给予，人的品性如何，只需要看看他在给予时的表现就够了。

那些从来只抢不发、还怂恿别人发的人，不是情商太低，而是品性自私。

4.

朋友跟你在一起，如果每次都愿意抢着买单，不是因为他有钱烧坏了脑子，更不是在那炫富，而是真心把你当成了自己人。

你只看到他在你这儿事事担当，你却看不到他为了几百块的利益空间在客户那里几进几出反反复复。

你只看到他西装革履、人前光鲜，你却没看到他一个人站在楼顶吹冷风的时候有多绝望。

没有谁的钱不沾着血汗，别人对你的帮助也不是理所当然的。

雁有飞落平沙苦，人有虎落平阳时，人人都有需要别人拉一把的时候。

向别人伸手，不一定丢人，但是，即便你做不到心怀感激，至少要做到要皮要脸。

人家有钱那是人家苦难自当、尝尽世事无常，你穷苦不堪是因为你不够努力。

朋友之间，最伤人的不过是我欲竭力相助，你却摆出一副“你穷你有理，你弱你正义”的样子。

人与人之间，最大的鸿沟不是金钱差距，而是生活态度与处事方式的差距。

你可以爱钱，但你不能通过张嘴等喂去实现。

每个人都孤单，所以朋友圈刷新了一遍又一遍

所有的陪伴都短暂，找到自己才会无惧孤单。

1.

她生病了，刚动完手术，中秋回山东的时候，我顺道去医院看她。

她说病房里没有床位了，所以她的床位被安排在楼道里。只要我推开 16 楼的大门，很容易就能发现她。

她说她已经观察过了，整个楼道的病号里，属她最漂亮，属她最闪耀，很容易找到。

我老远看到她穿着病号服，一个人背靠着墙，像一头忧郁的斑马，呆呆地看人来人往的热闹。

我鼻子一酸，问她："为什么动手术这么大的事儿，家里人不来陪。"

她说："我爸妈都还不知道，就算知道了也就只能跟着操心，帮不上啥忙。"

"你男朋友呢？"

"不敢告诉他，怕他嫌弃我，再不要我了。我骗他说我出来

旅游了。”

良久沉默。

我拿起床头边的本子，看到一些诡异幼稚的线条，问她：“你这是画了些啥？”

“我的葬礼现场布置图，给大家排排位置，你瞧，小轨你到时候就站这儿。”她兴奋地指给我。

她两个月后就能出院了，但是她甚至连自己的葬礼是什么样都想好了。

她突然把手机递给我：“帮我扶一下手机，一会儿我说好了你帮我按。”

“你干吗？”

“我自拍一张发个朋友圈。”

一分钟之后，她刷新了一下朋友圈，她悻悻地说：“很多人点赞，但是没有人评论。”

五分钟之后，她又刷新了一次，眼睛里开始有光：“有好几条评论了，大家都关心我怎么了。”

八分钟后，她又刷新，突然把手机放下，说：“大家都觉得我病得蛮严重的，这是不是意味着我可以哭了？”

我把头扭到一边。

这么多年来，她最大的本事就是，**活得不自在，演得却痛快。**

她一直都是这样，哪怕被打得满脸开花，也要露出一个没了门牙的微笑。

我们身边，有一种生物，他们二十四小时抱着手机，越是悲怆，越要微笑。

2.

前段时间，看了一个日本电影，《空气人偶》。

电影里的男主角，一个四十多岁的中年男人，在餐厅做着服务生的工作，每天下班后，就是和充气娃娃一起吃饭，给充气娃娃洗澡，和充气娃娃做爱，还给她起了一个跟前女友一样的名字，叫小望。

他每天跟她讲自己的生活，每天说“我回来了”和“我上班去了”，夸奖她“你今天很美”，还会给她暖手，说她唯一的缺点是太冷，还会带她去公园，让她靠在自己肩膀上。

如此体贴入微的万般温存，如果充气娃娃变成真人，他一定会很高兴吧？

但当充气娃娃真变成了真人时，他只是惊慌失措地问：“你能不能变回以前那个不会说话的充气娃娃？”

充气娃娃说：“你不喜欢我有心吗？你情愿我从来没有找到心吗？”

男人低下头说：“女人很麻烦，这是我选择你的原因。”

很多人见识了万家灯火，遥望过高楼林立，曾为一人执迷不悔

横刀立马，后来欲求不得，后来只剩缥缈孤鸿影，摘了星星都不知道该去交给谁，于是选择了不麻烦。

想热烈便放肆，想抛弃便离去，就不麻烦。

内心是空的，就不麻烦。

充气娃娃小望说，生命可能是无法以自身之力成功地完满，生命本质上便怀有重要的匮乏，并因他者的存在而完满。

一个充气娃娃发现的秘密，人类却不自知。

3.

不知道这个世界的男人，有多少是宁愿要一个不麻烦的充气娃娃的人。

满心欢喜，如君宠幸；不合心意，重买一个。

我们用快餐替代了饭桌前的温情；用虚拟世界的厮杀替代了现实；用充气娃娃、电动棒替代了一个情绪不稳定的血肉之躯；用社交软件上的掏心掏肺替代了夫妻间的坦诚相扶。

在这个出现很多替代品的世界里，很多人都在试图通过借助别人，确认自己。

越来越多的人丢失了自我的意义与灵魂的本质。

越来越多的人变成了一颗孤单的螺丝钉，在巨大的社会机器中，运行着别人期望的人生。

山本耀司说过一句话，吸引我半生。

“自己”这个东西是看不见的，撞上一些别的什么，反弹回来，才会了解“自己”。

你跟“10000 小时定律”相撞，你就了解一个勤奋的自己；你跟浮躁的“馅饼论”相撞，你就面临一个妄图撞大运就能平步青云的白日梦危机。

而这个社交浮躁的时代，给了我们另一种碰撞不得的孤单，那便是等一条永远不回的消息，数一分钟内有多少个赞，看看一百条评论里会不会有他。

我们晒吃晒玩晒恩爱，我们在人山人海中能言善辩，我们在万家灯火中言笑晏晏，可是一个人的时候，却戒不掉刷了一遍又一遍的等待。

更可怕的，不是要等的人没来，而是不知道自己彻夜不眠究竟在为谁。

4.

人人都觉得你活得光鲜，你却在一张又一张的酒桌上喝吐一遍又一遍。

二十出头的时候，在霍营站吓得进退两难，我问你怎么会有这么多人每天去同一个地方上班，不明白为什么大家都在拿着手机玩，而我却不知道要玩什么。

九月到来的时候，很多人说喜欢这样的秋天，你却焦虑地看着远处最后一丝光亮被吞没，担心这么快又老一岁，这一年想做的事情却都还没做完。

往年中秋节，手机里会收到很多短信，重要的人会打电话祝你中秋快乐；今年的中秋节，手机里全是群发的微信，朋友圈里各种表情闪着大月饼的光亮，你拿出手机打了一段文字后，然后删除。

朋友圈里的新鲜事儿每天都有，但是不管你点出去多少赞，评论出多少真诚的感叹，为什么还是感觉他们的热闹跟你无关。

5.

也不知道从什么时候，只要手边有时间，就会去刷朋友圈，但是生活没有因为谁孤独就给谁原地踏步的特权。

那索性就从微笑开始改变。

可是《黄金时代》里说，**人在无端微笑时，不是百无聊赖，就是痛苦难当。**

我可不想给人看穿。

翻遍朋友圈，翻遍通讯录，翻遍 QQ，我要是说了自己的不开心，他们会不会觉得我很悲观？他们会不会觉得我在无病呻吟？哦，原来没有可以说话的人。

不久后你发现，**一遍又一遍刷新朋友圈，只会把孤独放大。**

在朋友圈里磨合累了，于是，索性离开人群。

早上爬起来一个人去吃了豆浆油条；白天在图书馆里一口气看完了休谟的《人性论》和《一个人的村庄》；傍晚在人潮汹涌的广场上突然放烟花吓得周围人鸡飞狗跳；深夜睡不着下楼沿着樱花大道跑了六公里，然后蹦蹦跳跳上楼冲了个澡睡到天荒地老。

也不知道过去了多久。

终于，你开心地发现，**所有的陪伴都短暂，找到自己才会无惧孤单。**

第五章

你的人生，不会因为一个人而毁掉

可靠的男人，不会让你心里没底

可靠的男人，行踪从来不神秘，更不会让你心里一直没底。

1.

一个男读者问我："小轨，你知道我们男人最厌恶的三句话是啥吗？"

哟呵，这种事都有定律啊，我略惊，并表示自己对此一无所知。

他洋洋得意地说：

"你在哪儿？"

"你现在在哪儿？"

"怎么还不回来？"

"我现在快被我老婆这三句话烦死了，刚看了你的文章，说感情不能靠控制，说得真好，很多女人就是不知道给男人空间，打个牌玩晚了不很正常嘛……"他向我抱怨。

"哥们儿……哥们儿你等会儿，你在外边风流快活到下半夜，家里人问你在哪儿是怕你横尸野外没人管，这不叫控制啊。"

我就奇怪了。

一个大老爷们出门应酬其实也是正常的，身在江湖，难免逢迎，但你出门前跟家里人主动说一下去哪儿、大概几点回很费劲吗？

一个婚恋观稍稍成熟的男人，都该知道出门在外起码得让家人安心。

你如果下雨时打伞总把伞偏向她那边，看到美女从不主动聊天，生活中吃个烤肉都是你烤给她吃，虽然也能享受得起豪华大餐却宁可回家吃普通的三菜一汤，那你出个门，你媳妇能不放心？

一个女人，如果在日常生活细节中得不到安全感，就无从信任。

2.

前不久回北京谈工作，老朋友翔哥非要聚聚。

几个北京人开车来的，六七个人酒足饭饱后，就分了一下各自车上要送的人。

我和另外两个朋友刚好坐了翔哥的车，因为我跟翔哥家离得最近，所以最后一个送我。

刚送完前两位朋友，翔哥电话响了。

他掏出手机来，一只手把方向盘，一只手举了半天，直到响了五声后，他才接起来。

“快了，快了，马上……嗯……5分钟……好好……”翔哥语气一改饭桌上的豪迈，乖巧如小猫。

“从这到你家，就算你飙到时速200码，至少也得半小时才能到啊，干吗骗你媳妇说五分钟？”我不解地问。

“这女人啊，得哄……”这“哄”字还没说完，电话又打进来了。

“快了，快了，真快了……五分钟……五分钟……哎哎……好……”又挂了。

我震惊了：“翔哥，你撒谎撒得溜这我习惯了，但你既然跟你媳妇说了五分钟，至少五分钟之后她再轰炸你才对啊，怎么一分钟的工夫，她又打进来了呢？”

没等他解释，电话又打进来了，到把我送到酒店，这一路翔哥接了不下十通电话。

其实翔哥跟他媳妇不是新婚宴尔所以黏糊，他们结婚都有五个年头了。

他媳妇之所以这么做，只是因为翔哥之前劣迹太多，总是以半夜要谈业务为借口，出去风流快活，他媳妇几次三番抓现行后却选择了原谅，因为舍不得这些年用青春换来的这个家。

一次又一次的提心吊胆，最终变成了几近疯狂的严防死守。

很悲凉。

这种敌进一尺我退一丈的侦察与反侦察游戏，生生把夫妻感情逼进了一种互相欺骗的恶性循环。

而一切的罪魁，就在于你从未给过一个家该有的安全感。

3.

之前有几个朋友跟我讨论，男人出去野到很晚，该不该给他留门的问题。

我说，一个可以让女人安心的男人，晚上根本不用给他留门。

一个能给女人安全感的男人，通常会在出门前主动报备去处，临时加班会主动往家打一个电话，推掉不必要的酒肉应酬早早回家吃饭，无论多晚都会与妻共眠互道晚安。

而不是三天两头行踪不定，活不见人，电话不接，手机关机，信号太差。

这不叫神秘有趣，这叫没太把你当回事儿。

之前做互联网行业的时候，跟公司几个高管在小花园开会，突然一个产品总监抱着电脑狂奔，方向是星巴克。

有人在后边惊问："你这是怎么了？"

他边跑边喊："我手机忘带了，笔记本电脑没电了，上边登着微信呢，我怕我媳妇突然找不到我，该着急了。"

这几乎是我此生听过的最浪漫的情话了。

一个抱着笔记本的中年大叔朝着电源狂奔而去，只是为了让妻子在需要他的时候能随时随地联系到他。

所以，当有姑娘细声细气地告诉我，她喜欢上一个很有魅力的男孩子，只是时而几天不联系，时而又给她惊喜；有贤妻小心翼翼地告诉我，她老公是个事业型的男人，太忙，所以才会经常不接她电话。

我往往会说一句，这纯属胡说。

他若真的在意你，你不在身边的时候，他手机从来不离身。

千难万阻，至少有时间告诉你两个字，我在。

而这样的男人，他的家中往往没有一个歇斯底里的女人。

当他出门，有人为他抚平衣褶，平淡微笑，说一句“不回来的话记得告诉我一声，不然我会着急”。

如此，是为可靠，是为心安。

4.

在双廊参加活动的时候，一个漂亮的女歌手从台上走下来，坐到了我们中间。

一堆男人一窝蜂似的围了上去，结婚的，没结婚的，单身的，有女朋友的，都在那儿争相扫微信加好友。

只有一个朋友岿然不动。

这个朋友是出了名的“老婆奴”，更要命的是，他还是个财力雄厚的大帅哥。

但他坚持着一个很有意思的“人夫原则”，就是**不跟陌生女孩说晚安。**

为了避免跟陌生女孩纠缠不清，除了商业往来，他从来不主动加任何异性的微信。

因为人帅，所以很多漂亮姑娘忍不住主动来撩他。

他每次都马上说自己有家室了。

但跟他在一起的时候，我从来没见他收到什么“夺命连环Call”地之类的，用他的话来说，媳妇知道他几点回就放心地忙自己事了。

可靠的男人就是如此，不会在关键问题上对你闪烁其词，避而不谈，更不会跟妖艳女人暧昧不清、反复纠缠。

你们谈了六年，一提结婚他岔开话题；他说他很喜欢你，但是又怕以后会伤害你；人少的时候他跟你甜言蜜语，但人前从不肯牵着你；你一个电话打过去，他凡是在跟家人在一起的时候，一定挂断电话晚些时候再回过来。

如果出现这些问题，别傻。

可靠的男人，行踪从来不神秘，更不会让你心里一直没底。

你的人生，不会因为一个人而毁掉

你所仰仗的，终究限制你；你所放过的，终究成全你。

1.

“我一生没做坏事，为何会这样。”

一个姑娘在给我讲这个故事之前，说了这样一句话。

她品貌出众，家境贫寒，父母双亡，却如愿嫁给了当地一个富商的独子。

出嫁的时候，法拉利车队来接，全村的人出来送行，出村口时，她回望，高兴，却又感伤。

他们结婚三年，有一个女儿，还怀了二胎。这三年她跟“富二代”老公之间都相安无事，她知道他在外边赌博、玩女人，但是她不闻不问。

她说，男人给了她财，她就不该再贪他的爱。

但就在她分娩生下儿子的第二天深夜，顶梁柱公公突然被抓走了，她不懂发生了什么，只知道家里被抄了个一干二净。

于是车马繁华一夜成空，于是一朝春去红颜老。

月子中的她，求她老公出去找工作，但是只会赌博和玩女人的男人，因为什么都不会，出去就碰了一鼻子灰。

前不久她求着自己表哥给她老公在日照安排了一个工作，她老公头天坐火车过去，第二天就被人辞退了回来。她一问，才知道自己老公去了之后就嫌弃人家一个月只给他开 5000 元工资太少。

现在男人索性破罐子破摔，借高利贷继续赌博，之后跑得找不到人影。

月子里的她，天天在家望着一波又一波人进门，恐吓，砸东西，抡砍刀。

她哭着跟我说："我这辈子，就让这么一个男人给毁了。"

我大惊，问她："什么意思，结了婚后，你就不是你了？"

很多姑娘，赌性太大，把一生的欲望都赌给了婚姻。

一生的欲望都强加给婚姻，婚姻必然不堪重负。

很多人一个人过不好，以为找个人结了婚就好了；很多人婚姻不幸福，以为生个孩子就好了。

婚姻解决不了你的欲求问题，就像孩子解决不了你的婚姻问题一样。

人生从来都是自负盈亏。

2.

那个二十二岁得癌症的姑娘，有一天晚上怯怯地跟我说："轨姐，我给你讲讲我的爱情故事可以吗？”

这姑娘经历过一次“劈腿”后，又认识了一个男朋友，但是交往没多久，发现男朋友是家中的老来子，一身骄纵的毛病。她几番挣扎，再度分手。

她难过得要死，因为她还是放不下。

分手后的两个月，姑娘查出来自己长了肿瘤，她天真的像是小朋友想尽办法去感冒一场来换取家长的一个梨水罐头一样，赶紧把病情告诉前任，却没收到任何回应。

直到前任的好朋友都给她捐款，她再跟他说自己得了癌症的时候，前任却巧妙地转移了话题。

这一刻，她才突然觉得，自己做得最对的事情，就是当初跟他分开。

她说看了很多读者的不幸，自己以前也因为工作不顺、感情不顺而绝望过，但是现在才知道：

不去经历差的，根本不会懂如何去珍惜好的。

很多人抱怨失恋苦，是因为你选择了时间，他却选择了新欢。

但此生，没有什么不是身外之物。

如《人间失格》所说，若能避开猛烈的狂喜，自然也不会有悲痛来袭。

总有一天，你的欲求不得，会随着时间一点点愈合。

3.

当你以为的爱情，不过是对方眼中的暧昧。

你说，你因为一个人，恨了一个省。

当你无法荡平“妖魔鬼怪”，在公司被有关系的同事挤兑失去了出国的机会。

你说，你恨父母年轻时挥霍无度不攒钱，所以让自己跟别人一比就输。

当你任劳任怨地规划好了一切，却把女朋友输给了一套200万的房子。

你说，**从此爱人留三分，余生都带着这个人留给你的七分阴影。**

但是，别人一直“渣”，你可以不一直瞎啊；天冷了别人有男朋友嘘寒问暖，你可以加床被子啊；别人的爹可以让他成为“国民老公”，你可以让你爹成为受人尊重的老爷子啊。

明明前后左右都是路，你非要蹲在路口跟鞋底上沾的泥生闷气。

很多时候，你之所以毁一生，只是因为埋怨别人就可以让你不去面对自己的错误。

而不是因为，一个人真能毁了你的一生。

4.

有人在遭遇婚姻危机时，整天面对一个出轨成性的丈夫，自己选择睁一只眼闭一只眼，却反过来抱怨这个人毁了你半辈子。

如果你是真不在乎，那也没问题。

但悲哀的是，她们当中的大部分，之所以选择容忍，却是因为，青春已去，孩子已生，现在离婚，自己亏了。

什么是半辈子？

都说一辈子三万天，又多少人能一生无虞地拥有这三万天？

彼时一诺千金重，此时再难生死同。

你所仰仗的，终究限制你；你所放过的，终究成全你。

你的人生，不会因为一个人而毁掉。

非得跟你这种“三无”男人过日子才叫真爱?

一个女人的价值观，很大程度上决定着她的婚姻寿命。

1.

一个男读者突然问我：“为什么现在的女人越来越物质？”

每次听到这种问题，我就哭笑不得。

于是反问：“为什么现在的男人越来越喜欢年轻漂亮身材火辣的女人呀？”

他说：“你这是诡辩。男人好色，这是爱美之心的人类本性；女人物质，那是她们拿爱情当幌子来满足自己的贪欲。”

我问：“那你做什么工作的？”

他说：“刚辞职，像我这种性格的人适合自由职业，不喜欢被管束。上个公司的人力部经理很变态，迟到五分钟都要算到考勤里，请个假还要被问个底朝天，一看就是没有性生活的更年期老女人。”

我又问：“那你有钱吗？”

他说：“暂时还没有，但是我有一颗炙热而善良的心，钱早晚会有。”

我说：“等你有钱之后，咱再讨论这个问题。”

他急了：“这个问题跟我有没有钱有什么关系？”

我说：**“等你有钱了，你巴不得女人个个都拜金，恨不得钱能买到一切。”**

一个大骂天下女人的爱情失败者，之所以更容易遭遇高频失恋的悲剧，原因永远不单单是没钱这么简单。

往往还会因为他不懂得尊重女人。

有些男人其实除了一堆臭毛病什么都没有，却以为自己只是没钱。

2.

也许是因为女人有做大做小的观念毒瘤，所以才会冒出“小三”这样以男人为中心的词。

因为有些女人把自己物化成男人的附属品，所以才会认为结婚就是为了找个人养自己，所以才会把分开等同于被抛弃。

女人在潜意识里会把能否拿下“多金男”作为人生成功的标准，所以才会有那么多人“笑贫不笑娼”。

我们应该探讨的，不该是女人追求物质享受有没有错，而是女人实现物质享受的途径，是否值得尊重。

有的女人爱钱，所以不惜委身没几年活头却家财万贯的老头，将自己关进有人疼就欢喜、没人爱就绝望的宠物牢笼。

有的女人爱钱，所以花时间提升自己，让自己成为不必依附任何人就能光芒万丈的女王。

一个女人的价值观，很大程度上决定着她的婚姻寿命。

3.

Facebook 的创始人扎克伯格被网友议论得最多的话题，是大家都说他娶了个丑媳妇。

以亚洲人的眼光来审视“小扎同学”的媳妇，她确实其貌不扬。

帅小扎是娶不到漂亮媳妇吗？他是泡不到维密超模吗？

当然不是啊。

他是全球第四大富豪，身家 500 亿美金，按照世俗交易的观念来粗略计算，他能养下一个星球的超模。

然而，扎克伯格后来跟人说：“那些模特的身材是很火辣，但是他们没有我女朋友聪明。”

就这一句话，我们就知道，扎克伯格对女性的审美是什么样的。

就这一句话，我们就能明白，**一个男人更看重的是什么，决定着他更能成为什么。**

4.

我一直认可爱情的纯粹性。

但是两个人从恋爱到婚姻，不可能不谈钱，更不可能理想到只谈爱不谈物质。

婚前约会，看电影、吃饭、开房；婚后居家，柴米油盐、财政大权、两室换三室、父母赡养。

样样是钱，样样是物质。

爱情落地，夫妻白首，都需要两个人坐下来谈一谈钱。

不能女人一说买房，你就扯着嗓子说女人物质。

那不叫女人物质，那叫你懦弱，那叫你不想承担，那叫你压根没想过长远。

你不能觉得只要自己嫁给了男人，就应该两手一摊靠男人吃饭，那不叫青春补偿。

那叫你自私，那叫你不肯体谅，那叫你压根还没学会心疼一个男人。

《红拂夜奔》里有一句话，写得略扎人。

“只要不装假，我们每个人都不天真。”

如果你们想奔着婚姻去恋爱，那历经了欲说还休的你侬我侬后，谁也不必继续假装天真得都不把钱放在眼里。

不要非等到婚后遇到物质分歧后，再翻脸“想不到你是这样的一个人”。

你爱她，就不会忍心用你的“三无”真爱让她陪你吃一辈子土。

追求把日子过好，是人类十分健康的基础需求。

两个人想要手拉手往前走，总要围绕着如何让生活更富足坐下来心平气和地谈一谈。

总之，女人不能只看钱，男人不能不谈钱。

不爱一个人的感觉，大概就是有家不想回

外人看到的永远是般不般配，只有你自己才知道幸不幸福。

1.

3 个月前，她在我的后台留言。

“下周我就要结婚了，但是我一点都不期待。”

我问她，你是怎么确定自己不爱他的?

她没有问我为什么认定她是因为不爱，只是说：“他说想我的时候，我会觉得恶心。”

2 个月前，她又跑来留言。

“婚后一个月，做爱不接吻，看到他躺在沙发上觉得烦，他也开始对我冷淡，父母的殷切期待让我放下了最后的坚持，现在恶心了自己也没成全别人。”

我说，一个男人再爱你，整天面对一张怨天尤人的脸，也会变。

昨天，她又来了。

“一直在盼着离婚，终于如愿。希望世上少点像我这样的姑娘，这辈子再也不会凑合给‘爸妈喜欢’和‘人还不错’。”

这个读者我见过。

在一次分享会上，她一袭旗袍，肤色白皙，站起来提问的时候眼圈通红，她问：“轨姐，我想问问你，嫁给一个自己喜欢的人到底是一种什么感觉？”

那个问题，像电击一样让我感受到这个姑娘此生无望的苍凉。

嫁给一个不喜欢的人，他说一句“我养你”，你不但不会感动，还想回一句“滚一边去”。

嫁给一个喜欢的人，他说啥你都觉得“对对对”，连把事情搞砸的笨拙在你眼里都别具一格。

2.

三十岁左右的时候，我们见识过了很多男人，于是越来越难欺骗自己。

有一天，七婶子三姨妈来你家串门，瞥了一眼正在床上躺着的你，意味深长地捅了一下你妈，说：“这老大不小了，怎么还没把她嫁出去？”

你妈心头一颤，这一刀正好扎在她的心口上。

于是她们合计半天，给你介绍了一个在她们眼中和你十分般配、条件不错的男人。

你打起精神化了妆，特意涂上了腮红让自己看上去喜庆又乐意。

还穿上了一条颜色温和的裙子与一百年没碰过的高跟鞋，十厘米的高度让你的气场瞬间达到七米八，于是你觉得今天的天特别蓝。

那个男的上下打量了你，迅速给你的容貌和身材打了一个分数，并礼貌地向你介绍了自己的家境与经历。

好像几分钟的时间就能说完自己的一辈子。

介绍完的结束语是“你看我们年纪都不小了，你要是觉得我也不错咱就试试，如果对我没感觉咱就别耽误时间了”。

你尴尬得有些猝不及防，但你还是镇定地在沙发上挪动了一下屁股，告诉自己，别矫情，这就是传说中的相亲。

去吃饭，去看电影，甚至在送你回家路上，你忍着恶心由着他拉了你的手，正当他伸过一张嘴来打算“猪拱白菜”时，你连连谦让，“您太客气了”。

回家路上，月黑风高，寒灯不眠，你脱下高跟鞋深深浅浅，心何事转凄然。

你一进家门，就迎来你妈殷切的目光：“怎么样？这个怎么样？”

你一怔，生生咽下一团，说了句：“还不错。”

你也不是没坚持过，你心里藏着四年无果，你手间有过相逢一笑的落寞，甚至想过一个人过一生也不错。

可是，父母的催促与老去，世俗的异样眼光与评头论足，让你每次走在街上，每次从大城市回到老家时，都想见人就躲。

于是，你抱着侥幸，“感情是可以磨合出来的”，“婚姻只是一个让父母安心的任务”。

一咬牙，结了。

可怕的事情发生了，因为你发现自己一面对他，就完全无法入睡。

你能不能真正接受一个人，你的身体永远不会骗你。

从此，你不愿意回家。婚姻，如牢笼般死寂。

不爱一个人的感觉，大概就是有家不想回吧。

3.

燕同学比我小两岁，但她突然熬不住了。

今天早上，她心神不宁地说：“轨，能不能帮我拿个主意？”

“怎么了？”我问。

“你说我应该听我妈的话选一个条件不错的，还是顺从内心继续等一个喜欢的？”

我一笑：“你妈着急了？”

她叹气：“嗯，以前都是旁敲侧击，这次‘十一’回家，她故意天天拉着我看各式各样的相亲节目，边看边说，这个你觉得咋样？那个你觉得中不？”

我说：“等自己喜欢的。”

她一惊：“为啥？最近你没看张靓颖的新闻吗？大家都在说

要听妈妈的话啊。”

我说：**“选一个自己喜欢的，以后你就省得去埋怨别人。”**

4.

一个男同事，一场撕心裂肺的情伤之后，迅速又交了一个新女朋友。

姑娘对他非常好，门当户对，父母也喜欢。

于是，他试着往结婚方向发展，但不出一周就没了主动联系她的欲望。

姑娘朝他卖萌，他觉得对方太能装。

姑娘撒娇质问他怎么这么长时间也不给她打个电话，他心里暗骂我对你不感兴趣。

逛街一前一后，睡觉各朝半边。

更悲剧的是，这种情况，俩人竟然还结婚了。

度蜜月出去旅游，他的朋友圈里只能看得到自拍、美食和风景。

我们谁也没见过他媳妇长啥样，因为他连已婚都不愿意承认，更不可能带她进入自己的社交圈。

姑娘怀孕三个月的时候，他大半夜地问有没有人想吃烧烤。

连吹几瓶后，他当街大哭：“怎么办，我知道这样很浑蛋，但是听到一个孕妇晚上打鼾，我没有马上当爸爸的甜蜜，反而觉得很恶心。”

这种勉强式的结合，害人害己。

你觉得大不了坐以待毙了此残生，可人家姑娘凭什么就活该稀里糊涂地成为你祭奠绝望的牺牲品？

你选择跟不爱的人结婚，别以为是大发慈悲委屈了自己，事实上是在厚颜无耻祸害别人。

这种害人害己的婚姻，看清形势，早分早好。

那些还没学会爱自己的人，别指望他结了婚就能学会爱别人。

5.

选一个自己喜欢的人对过日子到底有多重要？

如果你喜欢一个人，不管大裂痕还是小纠纷，你都会莫名其妙找各种理由去原谅。

如果你不喜欢一个人，他一做出什么不顺你心的事儿来，你第一个念头就是“离了吧”。

很多人说，你说得轻巧，那你面对过来自父母逼婚的压力吗？

当然。

因为我大龄未嫁，曾吓得我妈不好意思出去跳广场舞，看到熟人就老远躲着走，别人的婚礼只贴份子钱从不赴婚宴，生怕有人问她“闺女啥时候结啊”。

但是，你知道父母逼婚的本质是什么吗？

父母无论怎么催你，出发点都是想让你幸福。

外人看到的永远是般不般配，只有你自己才知道幸不幸福。

他们整天叨叨你“抓紧时间”，不是为了让你抓紧时间违背自己的内心去凑合一个并不喜欢的人。

你要明白，**你的终极任务是给自己找老公，而不是给你父母找女婿。**

时间与爱，才是与丈母娘化敌为友的良药

对一些女婿来说，就算你爱得再彻底，你都是丈母娘的假想敌。

1.

刚听说张靓颖的婚讯，接着就惊闻张靓颖的妈妈发出了公开信。

张靓颖妈妈的逻辑其实不难理解，但她这么做，自以为是冲着女婿去的，实际上可是一巴掌扇在自己闺女脸上了。

张靓颖面对公开信，只有两种选择。

第一种，她听了妈妈的，婚没结，接下来就是面对财产受损，跟冯柯之间将面临财产分割官司，之后是形象损失，自己信誓旦旦要嫁的人，因为妈妈的一句话，悔婚了，她不得不变成了一个大笑话，这让她苦心经营的公众形象何以立足？

第二种，她没听妈妈的，硬把婚结了（后来，张靓颖和冯柯在意大利举行了婚礼），这一出就变成了她跟丈夫之间的一根刺，不管这根刺扎到谁，都会伤害到一整个家庭。

一个真正爱女儿的亲妈，不管有多不甘，都不会打着任何“为了你好”的幌子不管不顾、肆意伤害。

2.

上面的事情可以引出对我们普通人有用的讨论，比如如何处理母女关系以及丈母娘和女婿的关系。

在讨论这件事情之前，我们先一起来回顾一些常见句式。

“再不好，也是你妈！”

“再不对，也是为你好！”

是不是好熟悉？

作为“80 后”“90 后”刚步入婚姻没几年或正在面临婚姻的我们，你要是没听过这几句话，那可真是比较奇怪了。

不得不说，我们父母这一代很不容易。

对他们来说，儿女就是自己的天，一辈子就围着孩子转。

他们知道女大不中留，于是以过来人的身份，站在自己闺女的立场上坚定地认为自己有义不容辞的“把关”权利，如果可能，顺便争夺一下“绝对话语权”与“一票否决权”。

但是，从义务层面，儿女对父母有的是赡养义务，而不是任你摆布的义务。

从独立人格层面，不越界是做人最基本的认知，再亲密的关系也要分出来自我和他人。

丈母娘看女婿，核心只看两点：爱不爱 、配不配。

爱不爱的问题表现在，是否关爱女儿，是否会像傻小子一样不计得失地付出。

细节表现在为女儿提包、帮女儿盛饭、主动上交“财政大权”、房本上只写女儿一个人的名字，是否能鞍前马后，是否看似憨厚实则出手阔绰。

配不配的问题表现在，门当户对吗？有夫妻相吗？家里有多套房产吗？有京牌 2.0 以上排量的车吗？

细节表现为我家“官二代”，那你“富二代”了吗？我闺女月薪五万，你年薪百万了吗？我闺女北大博士，你是麻省理工的教授吗？我闺女如仙女下凡，你能貌比潘安吗？

显然，有些人之所以惨遭丈母娘反对，很重要的原因就是在这两点上没给丈母娘发射出确定无疑的信号。

或者说，他们忽略了在这两点上该花的心思与时间。

3.

我在北京工作时，有一个长相出挑的同事，爸妈在她很小的时候就离了婚。

她一直想嫁一个有北京户口的男人。

后来真有一个大她 18 岁的男人向她示爱，那男人是公司进出口部门的同事，谈不上家境多优越，不过是地道的北京人，有车有房，离异无孩，公司中层。

两人谈了半年，节奏顺利，处得不错，感情迅速升温，于是就开始谈婚论嫁。

她回家把情况告诉了她妈，她妈沉思半晌，说：“综合实力还可以，但是想娶你有个条件，婚前房本上得加上你的名字。”

她带着母亲的要求去找这男的谈了一下，男的面露难色，说：“实不相瞒，这事儿得跟我老妈商量一下，因为房子是家里出钱买的，所以这事儿从孝道上来说得跟家里老人说一声。”

结果，一个月后，男朋友就没再提这茬。

她于是又去问，男的含糊表态，大概意思是家里老人觉得，还没过门就要东要西的姑娘，值得三思。

她把话带给母亲，母亲也勃然大怒，这种婚前都不敢“放血”的男人，绝不姑息。

于是，两人因为房产本上该不该加上女方名字的分歧，婚事告吹。

四年后。

男的娶妻生子，其乐融融，“财政大权”全盘交付。

女的继续待价而沽，坚守她妈要求的“必须要在房产本上加名字”原则不动摇，至今还在东张西望、四处打量。

后来，我就问起她来：“为啥非要这样？”

她尴尬回应：“当年我爸出轨，跟别人过了，离婚时我妈啥也没得到，带着我颠沛流离四处蹭亲戚家住，所以我妈跟我说，女人只有攥住房产，才会有安全感，要永远为离婚留条退路。”

这就是单亲家庭的阴影式教育，还没结婚，就做好了离婚后如何过好余生的准备。

而常常，单亲妈妈对子女的控制欲异常强烈，她们疼爱儿女的程度常常会上升到“除了亲妈，没有人会百分百对你掏心掏肺”的地步。

她们吃过的亏，生怕儿女再吃；她们遭遇的苦，认为在女儿的未来路上都作数。

这是幸，也是不幸。

4.

姜还是老的辣，闺女可以闷头爱得死去活来，亲妈可不能两眼一抹黑由着你来。

在丈母娘看来，哪一点你能强过我闺女，还敢厚颜无耻地来抢我含辛茹苦培养出来的女儿，我闺女之所以连结婚都不告诉我，这都是因为你下的蛊，你这不是骗是什么？

但在女儿看来，他是爱的，十二年的时间洪流卷走的都是往日悲欢，而我在乎的只是你愿意娶我的眼前。

就像是婆婆会抢儿子，丈母娘有时候也会抢女儿。

这时候，女婿就会变成丈母娘的假想敌。

丈母娘与女婿对立常常并不绝对，但是你千万别以为可以不管不顾地绕过去。

5.

你敢拿自己的人生打水漂玩，你就要敢于独立承担后果。

听妈妈的话好处多多，但是你的人生终究不是你妈的续集。

在你人生的岔路口，当妈的总是会忍不住蹦出来说两句，但她说完之后，还得由你亲自上路，独品悲欢。

对一些女婿来说，就算你爱得再彻底，你都是丈母娘的假想敌。

所以，不妨乐呵呵地哄一哄这些舐犊情深的老母亲，也许她们吹毛求疵，也许她们多问两句，但无非不过是怕自己闺女受委屈。

时间与爱，才是与丈母娘化敌为友的良药。

“怕什么？你不是还有我嘛！”

喜欢就是要相互成全，爱就是要各让三分。

1.

家境优越的潘姑娘突然给我发来消息，说她刚飞了 12 个小时回国，在他家对面的面馆吃了一碗牛肉面，放了一大勺辣椒。

隔着几千米的电话线，我都能听到潘姑娘笑得酸泪纵横。

今天他结婚，跟潘姑娘长跑十年的竹马娶了别人。

潘姑娘跟竹马曾情深似海，每当他们手挽手出现，我们都深感他俩太恩爱了。

高中时，老师一叫潘姑娘的名字，全班同学就一起看竹马；大学时，一起吃火锅，竹马忙着涮，潘姑娘忙着吃，等潘姑娘吃够了，竹马这才能动筷子；毕业后一起逛街，无论买满多少个手提袋，竹马永远汗流浃背，大包小包，潘姑娘永远两手空空，雀跃不已。

不止一个人私下问潘姑娘：“常年这么对他，不心疼吗？”

潘姑娘一脸不屑地说：“那么多男生追我，我却把初夜给了他，他对我好不是理所当然的吗？”

然而，并不。

就在双方走进第八个年头时，潘姑娘开始对竹马越来越不满。比如她心血来潮展示了自己的厨艺照片，他只回一个“乖，我在开会”就是敷衍；比如她要求即时视频查岗，他先挂掉重新打过去就是外边有了别人。

后来，竹马崩溃，主动提了分手。

潘姑娘完全接受不了，哭着诅咒他早晚要后悔回来求她，说他再也找不到一个比她更在乎他的人。

然而，并没有。

竹马娶了别人。

娶了一个进能职场杀敌、退能厨房烧鸡的女人，一个连他打个游戏都能搬个板凳坐在旁边笑眯眯看着的女人。

没有哪个女人，天生就该无条件被宠得无法无天。

不管一个男人在爱情中看上去有多顶天立地，他在内心深处也永远渴望着理解与回应。

爱是双向的，流动的，单方面被动接受宠溺却不付出的关系，并不是爱情。

2.

珊姑娘是我的闺密“铁三角”之一，毕业后远嫁南京。

在一个刚毕业连工作都没着落的阶段，远赴陌生城市将自己全盘交付给一个只是异地交往了半年的男人，无疑是一场豪赌。

她结婚前夜给我打电话，说："我差点就逃婚了。"

我一惊，问："那这意思是逃婚失败了？"

三天前，珊姑娘突然恐婚症大发，她担心眼前这个对自己千依百顺的男人其实就是为了骗自己走进婚姻坟墓而伪装的，于是找碴儿发飙，行李箱都收拾好了，哭着喊着说想回家。

她男人怎么哄都不好使，最后长叹一声，说："你想走就走吧。"

正当她如遇大赦赶紧逃窜的时候，却看到她男人将一个大衣柜推到大门口堵上，两手叉腰一本正经地说："你走吧，我不拦着你。"

她一愣，随即哭笑不得地瞥了他一眼，放下行李就去满屋子追杀这个"抖机灵"的"大傻子"，骂骂咧咧地让"大傻子"把大衣柜挪开，不然菜市场都关门了。

一个适合白头终老的女人，往往不会一直大张旗鼓地拒绝成长。

喜欢就是要相互成全，爱就是要各让三分。

发脾气、无理取闹也许是本能，折腾完还能转身为君洗手做汤羹是本事。

3.

我认识一个民企女老板，人善钱多，被她资助过的朋友数不胜数。

后来，她跟我说，对一些人确实有些失望。

她帮助过一个父母都得了癌症的老同学，除了从国外买了一些进口药外，还承担了前三个疗程的医药费，进入第四个疗程的时候，她刚好在国外，等她回国的时候，手术还没来得及动，同学父母双双过世，钱没花到，同学也没吱声，从此销声匿迹，过年她主动发的拜年短信，都没收到一个回应。

她帮助过一个员工还房贷，但是员工离职后却再无音讯。

此类事情，数不胜数。

她有些困惑。

后来，她慢慢发现，人人都认为她有钱，她帮助别人是“应该的”。

人际交往的断裂，始于你把别人对你的所有付出，都认定是理所当然。

爱情的断裂，也常常以这样的方式出现。

世界有多残酷你当真不知道?

爹妈养你还要图个“养儿防老”，你凭什么要求其他人天经地义不求回报地对你好?

4.

“男人就应该买单！”

“娶个女人就应该收拾家，不然娶她有什么用！”

哪来这么多“就应该”！

“你看谁家的老婆，腿长又温柔！”

“你看那谁家的老公，挣得又多脾气又好！”

你以为人家躺在床上颐指气使就能出任 CEO 迎娶“白富美”走向人生巅峰？

你以为是自己运气不佳屡屡遇人不淑才导致婚姻不幸福？

你光看见别人家的老婆撒起娇来像个无知少女，就没看见人家关键时刻一马当先主起事来像个七尺大汉吗？

你光看见别人家的老公人前光鲜，就没看见人家一回到家里就去厨房里给媳妇打下手吗？

婚姻和爱情，都是需要经营与善待的。

男人仗着在外边挣了点钱回到家就两手一摊啥也不干，不叫爱情；女人只是“短命连环 Call”却从来不体谅他职场厮杀的难处，也不叫爱情。

好的爱情，是需要不厌其烦地参与彼此的人生，陪伴彼此的琐碎，而不是打着为爱献身的幌子去透支对方的付出与真心。

若身在水云间，则花枝乱颤千娇百媚嗲一句“相公，来给本宫洗脚”；

若人在风浪时，则铠甲加身一把入怀吼一声“怕什么？你不是还有我嘛”！

第六章

所有的偶尔想念，都是在边走边看

如果“潜力股”永远不能爆发，那你到底还爱不爱他？

我们都在彼此最窘迫的时光里，遇到了最美好的人。

1.

昨天一个读者说，她刚从一个同学口中得知，她关系最好的姐妹今天生了一对双胞胎，但是她连自己姐妹什么时候结的婚都不知道，大学时候她俩好得，一个来“大姨妈”，另一个二话不说就跳下床去给对方洗内衣。

前同事琛，订婚之后突然陷入了巨大的恐慌。

她说，男朋友家庭条件很差她一直都知道，偏远山村，茅屋三间，全家人靠给温州的一个厂家纳鞋底计件赚钱。

她轰轰烈烈地顶住了所有人的反对，用“他很努力，他不会一直穷下去”说服了自己，但当两个人定好大婚的日子后，她突然意识到柴米油盐、买房买车的压力，她突然特别害怕在一个农村露天棚子里结婚会让被请来的同学笑话。

她问我：“小轨，这是不是说明，我其实根本就是一个现实的‘物质女’？”

我问她：“你爱他什么？”

她想了好半天说：“他对我很好。”

抛开物质不物质不说，这真是一个危险的原因。

一个姑娘，是我表姐的同学。家境优越硕士毕业，爱上了一个小学读完后就出来闯荡的理发店打工仔，不顾所有人反对，要死要活地非嫁不可。

尽管百般不满，但天下父母有几个能对女儿的温饱冷眼旁观。于是女方这边出钱，买了房子买了车，还为女婿盘了一个店面，两人风风光光地把婚结了。

既然你认准了真命天子，那就摆正心态好好过日子吧，然而并没有。

一年不到俩人就撕破脸打上了离婚官司，没有第三者，没有外力挑拨。

男的每天就知道吃喝打扮，有了店面后三天两头地出去玩不营业，女的就总是摆出一种公主下嫁的心态，你这么穷我都不嫌弃你，不顾家人反对跟你结婚，你还不感恩戴德好好讨好我。

不评价这个男人是不是个好东西，但一个女人一旦有了这种心态，就触犯了婚姻中的大忌。

一个男人太穷该不该嫁？先别着急把自己吊起来进行道德审判。

莫欺少年穷是有前提的，你首先必须要确认一点，你们两个到底是不是同一个世界的人。

2.

我之前采访过一个姑娘。

上大学的时候，她谈了一个男朋友，长相一般，家境很差，但人很上进。

姑娘家里条件也不好，学费都拿不出来，四年里都是靠助学金、勤工俭学过来的，但姑娘的长相和身材都没得挑，响当当的系花。

那些年她身边充满了各种诱惑与非议。

毕业前的最后一晚，灯一关，一寝室的人开始聊未来的打算。轮到她的时候，有人悠悠地说："女人这辈子呢，大的转折点就那么几个，考学、嫁人、找个好工作，关乎一生的转折，说到底还是嫁人，你已经穷了二十多年了，毕业后如果再跟了他，那你可就得穷一辈子了，以你的条件，嫁个条件好的一点问题都没有，你可想好了。"

也有人赶紧圆场："话也不能这么说，这世界上穷小子逆袭的事儿多了去了，俩人感情好才更重要。"

她躺在床上笑得咯咯响："你们把我看得太好了，他要是什么都好什么都有，他也不一定能看上我。"

听故事的人都喜欢问："那后来呢？"

然而后来，却没有出现我们期待的大逆转。

一个不嫌贫爱富的漂亮姑娘，一个不恃宠而骄的善良女孩，确实配得上更好的世界，但世界不一定会因为你拥有一种好品质就百分百匹配给你一个五光十色的未来。

她生了孩子，一直陪男人住在村子里，跟其他妇女一样学着去村头挑水，还能养活一篱笆的鸡鸭鹅。

我问她："后悔吗？"

她哈哈大笑，说："没啥，我选了清贫，不是为了赌他扭转乾坤。能过富了更好，不能富我也认，至少我们夫妻恩爱，婆婆也不难为我，明年我们就能在县城买上房子了。"

莫欺少年穷听上去很悲壮，奋不顾身的爱情也令人敬仰，但你必须明白一件事情，**婚姻终究不是女人的饭碗。**

做决定之前，你确定自己输得起，才会不至于最后恼羞成怒地掀翻自己亲手下的这盘棋。

你如果不甘又想赌一把，那就问自己一句，如果赌输了呢？

多少年后，多少同龄姑娘宽宅大院、张家长李家短，而你田间地头、仰脸朝天。

3.

我们中的多数，都是平凡人，不官不富，步步匍匐。

每个人都在年轻时受过穷，以财力判定一个人的价值是最大的狭隘，却又是"短平快"视野里最直接的方式。

跟前男友经历过最穷的日子，穷到为了省下两块钱，送我出地铁站他都不敢出来，但他又担心我太路痴找不到新单位，就掏出纸笔画了张地图，不说东西南北，只标着左左右右。

他每天战战兢兢地待我如宝，夜里经常会做我跟别的男人跑掉的噩梦。

后来，他认认真真地问我：“有一天，你会不会因为我穷而离开我啊？”

我给他讲了一个小故事。“小时候我的圆珠笔墨用完了，没钱买新的，就把用完的笔管插进墨水瓶里用嘴吸墨，走运的时候恰恰满一管，不走运的时候就搞得满嘴墨水，舌苔发蓝，当时一点不觉得苦，还哈哈大笑呢，现在想想，好苦啊。”

他问：“你到底想说什么啊？”

我说：“如果将来我们分手，不会是因为你穷，只会因为岁月在变迁，我们在成长。”

嗯，后来，我们确实分开了，现在各自都有不错的生活，都有要生死契阔的人。

我们都在彼此最窘迫的时光里，遇到了最美好的人。

将来你富可敌国什么都有，却也再无法挽回曾经错过的最好的人。

4.

“我现在虽然一无所有，但我一定会努力让你过上好日子”。

这句话十分打动人心，但对于一个心存侥幸希望嫁的是“潜力股”的姑娘来说，跟家境贫寒的男人过日子就是一场豪赌。

但是姑娘，你不要一味幻想只要他努努力，将来就一定能让你富贵荣华，没错，确实有这个可能，但你必须直面一个问题，这只是一个概率事件。

你要知道，有些王子不骑白马，有些“潜力股”可能永远不会爆发。

一个人值不值得你赌上青春赌上明天，重点不能独独因为“他对你好”。

而是要看，你喜欢他是否是因为他吸引你的品质无可替代，要看你是否真的已经下定决心与他同甘共苦、一生无悔。

每个人都只此一生，错了就是年年岁岁，悔了已是半生枯萎。

谁都怕错。

怕披荆斩棘半生，最终却只落得贫贱夫妻百事哀；怕岁月如流无情，到头来情深白头抵不过红颜一笑。

我妈有一次深夜敲我的门，问：“姑娘家的，干吗整天把自己搞得跟个爷们儿似的冲锋陷阵，女人终归是女人啊。”

很多好朋友都笑着说我是一条行走的“加班狗”，不管是从一线城市回到老家，还是从老家走向自由职业，每天不舍昼夜地忙碌，无论去哪儿都时刻背着电脑准备写文。

我也是女人，我也怕，但我不想把我的未来押注在别人身上，

一是不忍，二是不敢。

为了不怕，为了允许你的王子可以不骑白马，为了能够负担你选的“潜力股”永远不爆发的压力，为了敢去追求视金钱如粪土的纯粹爱情，你一定得独立。

我日夜兼程地努力，就是为了让自己拥有选择真正喜欢的人的底气。

有些事我都明白，但就是不愿相信

不要把包容与爱一股脑都留给不爱你的人，这是天大的浪费。

1.

他俩都是我的读者，分手四周后，分别找到我。

他说她很喜欢我的文章，所以恳求我能跟她聊聊，但她觉得没什么好聊的，因为分手是她提出的，只是他不愿意接受。

“明明很相爱，不可能突然就这么不爱了，她还是怕给我太大压力。”

这是他给我的分手理由。

“他很好，对我也好，就是太穷了，轨姐你也帮我劝劝他，放过我吧。”

她沉默半晌，长叹，道出原因。

之后，他急急地来问我：“怎么样，她人很好吧？”

我说：“嗯，她没什么不好的，只是不够喜欢你。”

他一愣，马上反驳：“你不知道，她其实真的很爱我的，她跟我说，‘只要我妈同意，我们就继续在一起啊’，她这么决绝是因为她孝顺，但她还是爱我的。”

“可是她想要你放手啊？”我叹息。

他哽咽：“都三年了，亲戚朋友都知道了，分开后你让我怎么活啊。”

怎么骄傲怎么活。

你想太多了。

除了你之外，其他人可能早就知道她一直都不怎么喜欢你。

你之所以拼命挽留，只是因为一瞬间不知道该如何安放自己的情深似海。

2.

一段感情，会因为各种千奇百怪的理由，说不爱，就不爱了。

订婚酒喝完，他大醉，你微醺。

半夜他手机屏幕一亮，你好奇，忍不住拿过来笑嘻嘻地想看看，自己马上要嫁的如意郎君到底有啥秘密还瞒着你。

于是，你看到了他发的一条朋友圈状态：“这辈子就如此了吗？其实真的不想结婚。”

你倒吸一口凉气，赶紧翻了翻自己的朋友圈，哦，他屏蔽了你。

有一个漂亮的头像在频频闪动，你点进去，看到他告诉她：“我不想结婚。”

女孩子试探：“那你有结婚对象了吗？”

他斩钉截铁：“还没有。”

还没有？

那我是什么？

你再翻，漂亮姑娘的每一条状态，他都又点赞又评论，你脖子一凉，他好像有半年多没在你的状态底下评论过了。

你一直以为这段感情谈不上天造地设，但还算平淡和睦。

问题出在哪儿了？为什么我一直都没发现？

这些年，他对你礼让、客气，又有所保留。

发出去的问候一夜无回，次日早上，他轻描淡写地说："昨晚喝多了。"

你长吁一声："哦，原来是这样啊。"

你从来不敢闹，更不敢在吵架的时候说"分手"二字。

你小心翼翼，唯恐说出来就真的会分手。

最后，婚姻殿堂的临门一脚，他万念俱灰，想反悔，但一看到你兴奋地为一场盛大而空旷的婚礼忙前忙后，他就有些不落忍。

一个款款而来的姑娘，笑起来像大提琴拉出的声音般飘扬，不高兴的时候直着嗓门让他滚蛋，他一惊，好像谁给了他胸口一记重拳，剧痛，却惊醒。

他貌似发现了自己一生的春天，在一个风和日丽的早晨给了你一通电话："对不起，我不爱你了。"

你懵了。

什么意思？不可能爱着爱着不爱了呀？

从来就没有突如其来的惨败，有些事，倒回去想想，你都会明白。

别再张口闭口明明那么爱，其实并没有。

有的只是，一个人在无情疏离，另一个人在恒久忍耐。

3.

为什么总有人会去自己骗自己？

一个女人，曾在今年夏天来大理找我，做出了一个令我三观尽碎的举动。

那天我们一起在一个开茶馆的朋友那儿吃饭，菜一上齐，免不了就是先用手机拍照。

结果她调头在微信朋友圈发了一个状态："今天为老公做了这样一桌菜，手艺不错吧？"

这给我惊的，都不好意思问她。

倒是她，一脸震惊地说："怎么了啊，我不秀恩爱，让外边的'狐狸精'钻了空子咋办？"

难为她老公了，这些年跟她分居两地，还要在朋友圈里就着"西北风"神不知鬼不觉地"吃"她的各种手艺。

这些年她频频从朋友圈盗图，情人节的花、生日那天的蛋糕，全是盗图，配文每次都梨花带雨，"你走后，酒暖回忆思念瘦"。

而现实是，她老公把离婚协议书的版本修改到了8.0，她宁可分居装傻，也坚决不在离婚协议书上签字。

她老公一提起她的神情，都是掩饰不住的恶心与厌倦。

而她，坚持要让全世界认为她过得很好。

傻不傻？

她不傻，她说她绝对不会把一支可以让自己一辈子衣食无忧的“绩优股”拱手相让。

听来真是心酸又凄凉。

所谓爱之深，不过是自己不肯饶恕自己。

对一个人的念念不忘，不一定代表着你真的有多爱，也可能是因为你担心自己没办法找到一个更好的未来。

4.

你问他：“在吗？”

他说：“要睡了。”

你问他：“你妈那么看不上我，结了婚你会维护我吗？”

他说：“别傻，以后的事，以后再说吧。”

你问他：“如果没有她，你还会跟我分手吗？”

他说：“我跟你分手，跟别人没关系，只是我们没感情了。”

你不信，起初小心翼翼，后来无理取闹。

他看你的眼神，起初饱含歉意，后来满目嫌弃。

很多人，挣扎，不肯翻篇，固执地认为他突然这样一定是因为他家里出事儿了，一定是自己惹他生气了，一定是别人蛊惑了他。

姑娘，我可以给你俩大嘴巴吗？

只要他爱了别人，你再贵的礼物也比不过别人的一个吻。

很多人都有选择性懦弱，怕未来不来，于是坚持认为赖在原地抓住当下最可靠。

你满是深情乱了方寸，他一平如水渴望你快滚。

日子再难熬，也有熬过去的那一天。

等骗够了自己，就收起你泛滥的爱心与无望。

不要把包容与爱一股脑都留给不爱你的人，这是天大的浪费。

别再把冷漠的避让，当成你不肯死心的嘉奖。

你明明哭了，他为什么不给你递纸巾啊？

怕再给你希望。

现在耗尽最好的自己，将来你要拿什么去遇到那个真正对的人？

适应一段新生活，花不了多大力气，披一件外套，外边走走。

遇见谁，也都难免好爱好散

此刻心安，就是爱过最好的纪念。

1.

在一个聚会上，韩同学举杯说：“来来来，都恭喜我吧，我要结婚了。”

一个男同学马上带头举杯：“哎呀呀，恭喜恭喜，你和东哥这些年终于修成正果了。”

韩同学尴尬一笑，说：“不是跟东哥，我跟他去年就散伙了。”

一瞬间普天同庆的气氛有些尴尬，所有人都只知道他俩一向很好，却从未听说过俩人之间有丝毫恩怨。

晚上韩同学住在我家，主动给我讲了分手原因。

东哥跟韩同学好的这几年，一直没啥毛病，脸红脖子粗的时候也有，但多数时候能一笑泯恩仇，下床还知己。只是有一次，俩人不知怎么就吵到家庭责任上了，韩同学怪东哥回家晚，东哥拍案而起，指着韩同学大叫，你跟我好之前，到底跟多少男人睡过？

韩同学惊呆了，她万万没想到，自己跟东哥好了这么多年，东哥的小账就能一下子翻到她的初夜不见红这陈年老剧情上。

我一听没忍住，很不厚道地“噗”一声笑了出来，说：“那你怎么说的？你没家暴他一下啊？”

韩同学一笑，摆摆手：“我说，‘多谢多年照顾。’”

“就这样？”

“就这样。”

但是后来，韩同学分手后的日子，并没有像分手时过得那么酷。

分手后的好长时间里，她都得了一种与异性一接触就疯狂焦虑的毛病，相过几次亲也是时运不济，碰上的不是抠门之人，就是骗子专业户，这些年韩同学夜不能寐，头发掉得越来越厉害。

“那当初何必装酷，不如撒泼泄愤一场。”

“不是装酷，我们俩的缘分也就到这儿了，我觉得以前吵得太多了，但留下美好背影的机会，仅此一回。”

就像是一场江湖厮杀，看似毫发无伤的大侠，人散去，才血吐黄沙。

那些爱你至深却能优雅转身的人，都是能自废武功的狠角色。

2.

我们一生中就一定会遇到一个“严丝合缝”的人吗？

应该会。

但是遇到了，你们就一定能结识吗？

你喜欢早晨6点沿着玉带路长足，他每天天蒙蒙亮就会沿路骑行；你不胜酒量，喝一口就鬼话连篇，他对酒过敏，闻一下如生麻疹；你自幼爱好哲学，他能把黑格尔的《小逻辑》写成穿越。

你们好像真的天造地设呢。

有一天，终于在楼下小卖部相遇，你买了一袋酱油，他买了一袋醋，同一个小区里的两个人，从此山水不相逢。

这世间的遇见，就是这么荒诞。

王晓东在《麻朵姑娘》中这样唱：

“麻朵姑娘，喝完这杯酒，我们一起去南方。”

“麻朵姑娘，喝完这杯酒，沉默着遗忘。”

遇见爱，遇见性，遇见了解，有点慌，不想放，却不得不在红尘万丈中沉默着遗忘。

所以，你问我，一生一次的人来了，你说我给你一个家，她却说自己要喝完这杯茶继续上路，怎么办？

我的刻骨铭心要如何安放？

我的情深共白头要如何苦乐自当？

韩寒在《1988：我想和这个世界谈谈》中说：

我深知这样的姑娘就像枪里的一颗子弹，她总要离开枪膛，因为那才是她的价值，不过她总是会射穿你的胸膛而落在别处，也许有个好归宿，也许只是掉落在地上，而你已经无力去将她拾起来。更难过的是，扣动扳机的永远还是你自己。

人世间的很多遇见，可证热血，却只能任你婆娑泪眼孤胆天涯。

3.

有人问，轨姐，我好不容易遇到中意的人，他却对我没意思，是不是好惨。

这才哪儿跟哪儿？

更惨的是，你中意的那个人，却死在了你至死不渝的怀里。

一个走，一个留，是惨；两个都想留，却还是留不住，更惨。

当年周云蓬和绿妖的爱情，因为一次萍水相逢式的访谈而开始。

一个盲人歌手，一个女媒体人。

当旁人都相信了什么是爱你就像爱生命，他们却黯然分手。

周云蓬不是要去云游吗？怎么转身跟助理妹子好上了呢？

怎么回事儿？

那些因为这段感情而购买了《绿皮火车》与《北京小兽》的文艺青年们，你们还相信爱情吗？

爱情犹在婆娑泪眼间，新欢却已在他的身侧情意绵绵。

那些冲破一切牢笼却死在狗血剧情里的人，是该有多孤独？

绿妖没有争吵，没有恶语相向，没有在荒诞失去中勒住对方的脖子苦苦要一个说法。

她安静地写下这样一段话：

忽然想到，刻舟求剑也许不像我们想得那么蠢，一样珍贵的东西掉进水里，既不能舍命去捞，又觉得颇为惋惜，此种心境下，在木船上刻一道记号大概是最好的纪念了，既纪念拥有也纪念失去，深知无常，却又情深义重，如果是我，大概也想不到更好的纪念方式了。

刻舟求剑，既纪念拥有，也纪念失去。

原来，最后一次收割对方，也可以选择不仇深似海。

4.

我年少时喜欢一个人，倒追到手，高兴地在寝室发喜糖。

分手分得天崩地裂，我希望他再考虑考虑，他希望我赶紧放他去打网络游戏。

毕业后的好多年，跟朋友在泰华商场的“老城根”吃饭，看到一个身影跟他很像。

不对，一定是他。

我放下筷子就追了出去，一直跟在他身后。看着他逛了比萨店，试穿了一件“速写家”的外套，最后在促销区花 29 元买了一个小老虎玩具，一转身，满脸堆笑。

我脖子一凉，认错了。

转身要走，那人问了句：“你怎么了？”

他走到我面前，皱着眉头，一脸坚定地说：“我肯定在哪儿见过你。”

我咧嘴一笑，逃之夭夭，在一个角落，长叹一声。

哦，原来大家都在满世界在找对的人啊。

回到饭桌前，问对面的男人：“没遇到我之前，你打算怎么过的？”

他把卷好的煎饼放到我面前，一本正经地说：“大不了养条狗，度过余生。”

李宗盛在《山丘》里唱。

越过山丘，才知道无人等候。

喋喋不休，再也唤不回温柔。

最终，遇见了谁，也都难免会好合好散；

于是，此刻心安，就是爱过最好的纪念。

所有的偶尔想念，都是在边走边看

真想跟你一生相守的人，永远比你更怕拖着。

1.

一个女人跟我说，她因为睡眠不好精神都开始恍惚了，然后给我讲了原因。

跟前夫相爱 8 年，结婚 1 年就离了婚，原因也简单得离谱，男人就觉得跟她在一块没意思了，本来以为结了婚能变好，结果没什么用。

女的死活不愿意离，僵持，哀求，说我改，说想跟你再磨合磨合试试，男人坚持不跟她磨，于是离了。

但是，女的答应离婚时，提了一个条件。

她要求离婚后，男人要每天晚上继续主动跟她说“晚安”，要持续两年，节假日不休。

她享受这种来自男方的主动关心，每天晚上只要收到这俩字，她就能安心地入睡。

男人做到了，截止到上个月为止，两年期结束了。

她在 11 月 1 号那天兴致勃勃地给男人主动发了一大段文字，

截图发给我看，大致的内容就是感谢这两年你对我的陪伴，她很感动之类的，但是消息发送出去，回复她的，却是一句“对方拒绝接受你的消息”。

没错，她被拉黑了。

她的世界一下变了，没有他发来的“晚安”，她一晚上都睡不着，终于累到昏睡了一小段，马上又醒来去抓手机，惶惶不可终日。

她坚信这两年的问候会让他形成一种牵挂她的习惯，他却认认真真地把这件事当成离婚协议的执行条款，一天也不马虎，到期拉黑，两不相欠。

11 月的这几天，她每天晚上魂不守舍地望着手机屏幕，竟然对着黑名单对话框聊起了天，不管她说了什么，都会弹出来“对方拒绝接受你的消息”。

她哭着问我：“为什么 700 多天的‘晚安’却没换回他 1 次回头是岸？”

我叹了口气：“姑娘，你是他的岸吗？”

不要用一些自己臆想出来的场景，去感动自己，骚扰别人。

不要天真地以为你小心翼翼地打出“晚安”俩字就能挽回什么。

有些晚安，说了也没意义。

2.

讲一个我自己的故事。

2015 年上半年，刚好是我人生的空窗期，被公司派到北京某大学参加一个为期一周的培训。

班里点完名大家分别做完自我介绍，我登时就惊呆了。

这次过来参加培训的人，全是老家那边的精英，男的清一色CEO、总监，女的个个职场精英。

这期间一个高瘦的海归主动来搭讪我，我一看，颜值中上，西班牙语还说得贼溜儿，也不是败絮其内嘛，那行，不就吃个饭嘛，一咬牙，走着吧。

嗯，接下来的几天，早饭买好，午饭凑到我身边吃，晚饭就要单约我。

模式简单又健康，临毕业之时，他委婉地表达了自己的约会之意。

我婉言谢绝他一番美意，踏上归程。

走之前，他庄严地向我表示，回到老家后，他一定倾尽毕生所学降服我。

我呵呵一笑，说一声江湖再见。

回到老家后，起初一周他每天给我发三次信息并主动说早晚安。

一个月之后，他说去西班牙出差，这次回来就约我，然后销声匿迹。

三个月之后，他坚持每天说一次晚安，冷不丁跟诈尸一样表达一下想念。

半年之后，他惊讶地发现我谈了男朋友，说自己每天都挂念着我，每天都给我说晚安，为什么我却不能给他一个机会。

我说会“你这是在上班打卡吗？不约会，不见面，每天发个晚安就算倾尽毕生所学了？”

很多人，没有像他口中说得那么爱你。

真喜欢你的人，不会间歇性在你生活中走走停停。

所有的偶尔想念，都是在边走边看。

3.

你相了一次亲，当时谈得不错，回来后三天没了动静，你以为自己又失败了，结果他突然说：“想你了。”

姑娘，他不是想你了，他是出去溜儿一圈，收成不好，于是调头找你凑合来了。

你暗恋一个“男神”，觍着脸欲说还休了很多次，他假装无视，女人换了一任又一任，就是死活不要你，结果有一天竟然主动给你发了一句：“你还好吗？”

姑娘，他才不是关心你好不好，他是玩尽声色犬马的游戏后受了伤，想找个“垃圾桶”排解排解。

你分分合合多年的对象，当初不管你怎么哭爹喊娘，他都坚定地因为一个女人抛家弃子去了远方，几年之后，他突然联系到你，含情脉脉地跟你讲起你俩的红尘往事。

姑娘，他才不是“爱的还是你”，他是过尽千帆皆不是之后，“找个熟人毁一生”来了。

这些形式主义的单薄关怀，构不成相扶一生的爱。

很多人问我：“轨姐，为什么刚开始处得还可以，现在却没意思了呢？”

问你一句。

“除了晚安，你俩还有其他的共同话题吗？”

了解不够，只是相貌匹配的两个人，初期的话题可能都集中在床笫的激情。

激情过后呢？

几年的光阴剥离了男欢女爱，一个男人是不是你的“鸡肋男”才真正显现。

4.

有人对你说，别闹，我七尺之躯，已许国，难再许卿。

你一个人失落地坐在沙发上一次次望向暗夜，望向明月，你不确定这是在逐渐疏远，还是自己确实有点儿神经病。

去找闺密，去找专家，去找认识或不认识的人问：“哎，你说，他一天一个电话都不打，晚上不回来连个晚安都没有，是真忙啊，还是不爱我了？”

一个男人爱不爱你，不需通过别人的嘴来验证。

懂道理是一回事，愿不愿意接受现实又是另一回事。

班花同学多年未嫁，身边充斥着形色各异的男人，“中央空调”，“备胎”，“云备胎”，数不胜数。

只要一经发现，她立马拉黑。

有人跟她开玩笑：“别这么决绝啊，留着万一以后用得着呢。”

她眉眼流光，掩面而笑：“我不需要一堆‘鸡肋男’每天对我说晚安。”

“还不错”与“就是他”，天壤之别。

有一搭没一搭的“鸡肋男”，骗不过你明镜在心的孤独荒原。

真想跟你一生相守的人，永远比你更怕拖着。

至于那个男的，谁提，咬谁

这一生得到的，是行囊；得不到的，都是包袱。

1.

有个姑娘，加了我好友很久，一句话都没说过，比我还高冷。

她生猛果敢，抽烟打游戏。

从 16 岁起，跟了一个男人 4 年，倾注了美好青春里所有的青涩与喜欢，然后那个男人提出分手时，明明人在天津，却告诉她去了西安。

打电话不接，发信息不回，一切社交软件拉黑，销声匿迹。

后来偶然从别的朋友那得知，男人要分手的原因，不是得了什么怪病要流浪天涯不能连累她，而是跟他的前女友旧情复燃。

因为怕她知道真相后会闹事儿，所以索性告诉她自己去了外地。

她跟我说，我不恨他，**我恨我自己，怎么会失败到让一个男人为了甩掉我而防着我。**

她把手机砸烂，从此对他只字不提。

人人都认为她彻底放下了 4 年的心结，连她自己也以为。

今天早上突然收到了她的一段语音，语无伦次，大致的意思是，她前男友在天津有个罚单要她代交，口气中全是这男人竟然还麻烦前女友的鄙视。

我回她："为啥感觉你好像略兴奋。"

半天，她发了一行字过来："因为听到他声音了。"

不记得在哪儿看到过这样一段话。

"哎，你还记得那谁谁谁吗？"

我摇摇头。不是不记得，是你不要问。

心中那个不能提的人，你怎么总是不记得，他早就不喜欢你了呢？

2.

怎样算是没放下一个人？

一个朋友说，就算打进来一个诈骗电话，只要号码归属地是她所在的城市，就会毫不犹豫地把它接起来。

所谓深陷，不过是只要跟你有关，宁可被骗也心甘。

分开后，经常忘记吃饭，熬再晚也没再能等来晚安。

分开后，还会路过那家咖啡店，绕过你喜欢的座位却始终觉得你还没走远。

分开后，看到你和新欢发到朋友圈的照片，我还是莫名其妙失落了好几天。

我笑着对别人说，未来路还长。

可是一提到未来，就想起我的未来曾经全是你，你却偏偏单方面废掉了我人生的结局。

因为怕人寻问，从此咽泪装欢。

因为已是前尘事，所以只伤故人心。

3.

听过一个故事。

两个人挖地下的宝藏，结果挖出一个人的骸骨，虽然迅速埋上了，甚至在上面种了树，栽了花，但他们都清楚地知道底下埋的是什么。

自此，不管看到树，还是看到花，他们想的，都永远只是地下的那具骸骨。

心中的那个人，就是那具骸骨。

纵使长街长，烟花繁，等你挑灯再回看，留给你的，都是心寒。

他想天涯陌路，你想制造交集；他想不再联系，你三天两头试探能不能重新在一起。

人这一辈子，都会经历一个想放下却死活放不下的阶段。

想要让过去过去吗？

《麦田里的守望者》有一句这样的话：

“说来好笑。你千万别跟任何人谈任何事情。你只要一谈起，就会想念起每一个人。”

天不老，情难绝。

想要放下，那就别提。

谁提，咬谁。

4.

昨天一个女读者跑来跟我说，男朋友喜欢上别人跟她分手了，她有些担心他，因为他太单纯，怕他被新女朋友骗。她不停地说了一堆类似的话。

一听到这种自欺欺人的故事我就想劝劝她。

我打断她：“你男朋友正在被人爱，你一个没人爱的失恋之人，别拿这些关心别人的烂借口去掩饰自己的放不下。”

她像聋了一样，继续说：“我给他打电话他关机啊，我真的害怕他出了什么事儿啊，求轨姐帮帮我。”

唉。

有些人，就算告诉她真相，也换不来她的海阔天空。

有很多人曾问我，忘不掉怎么办？

我说，忘是忘不掉的，习惯了就好了。

总有一些人，盛装出席了我们的人生盛宴，却从此与我们山水不相逢。

总有一些人，遥记初相见，一眼已万年，说好一别两宽，却从未各生欢喜。

或嫁做人妇，或为别的女人斗酒诗百篇，这些都叫得不到。

这一生得到的，是行囊；得不到的，都是包袱。

离婚不是为了更好地活，谁愿意还没到站就下车？

婚姻的破裂，永远是问题累积的结果。

1.

2016年9月20日，美国好莱坞巨星夫妇布拉德·皮特和安吉丽娜·朱莉宣布申请离婚。

朱莉同时申请六个孩子的抚养权，给予皮特探视的权利。离婚申请的文件显示，二人已分居多日。另有消息称，皮特、朱莉离婚的主要原因是在孩子的教育方式上。

不出意料，微信上一大波“不相信爱情党”，立马披上外套声势浩大地奔赴评论区。

我奇怪的是，为什么直到今天，离婚这件事只要一曝光，就要马上被舆论批评呢？

为什么不管是好莱坞明星离婚还是村头二狗子离婚，街坊邻居都要马上跑到墙头上指指点点数落别人家的恩恩怨怨呢？

离婚又不是大结局。

如果人家两口子能找到更好的解决方案，谁会愿意放着好好的日子不过，非要分道扬镳各自奔波？

离婚说到底只是个人选择。

全世界都看好的天作之合，也抵挡不了朝夕相处中磨合不下去的导火索。

2.

十二年风口浪尖的牵手共进，最终分手不会只在朝夕。

2004年，在拍摄《史密斯夫妇》时，皮特和朱莉传出恋情，当时皮特已有家室。

爱上朱莉后，在2005年8月皮特跟“瑞秋”离婚，和朱莉开始七年恋爱长跑。

俩人2012年订婚，2014年完婚，共同养育六个孩子，三个亲生，三个领养。

这期间，朱莉为了抗癌，两年内主动要求切除了三个器官，没有了乳腺和卵巢，果断得像是一个没有软肋的疯女人。

当美艳性感的朱莉干瘪成了一个只有六十来斤重的皮囊时，皮特在这期间一直陪同不断鼓励，用十二年的不离不弃一点点洗掉了当年因离婚背下的种种骂名。

当舆论都在感慨金童玉女都逃不过人到中年的安定时，这对天造地设的佳偶突然宣布了离婚。

一片唏嘘后，人人都诧异，为什么一对夫妻能顶得住流言，却熬不过平淡？

他们分手的原因，真的是因为他们不满彼此的教育方式吗？

婚姻的破裂，永远是问题累积的结果。

3.

皮特吸食大麻、酗酒，打着中年危机的幌子滥性，朱莉受不了。这是生活习惯不合。

皮特希望继续在好莱坞捞钱以满足日益飙升的纸醉金迷，朱莉却在努力淡出好莱坞转而投身到人道主义工作中去。这是事业分歧。

朱莉雇佣私家侦探，抓到皮特背叛自己的证据。这是导火索。

然而，俩人公之于众的离婚原因却口径一致，“只是因为教育方式看不惯”。

没有公开撕扯，没有互泼脏水，没有翻旧账，没有曝丑闻。

只是客观地说要分开，只是要通过合法的手段去争取孩子的抚养权，只是心平气和地依据先前的约定去分割 27 亿共同财产。

史密斯夫妇缘分已尽，告别之前依然不忘给对方留下最后的温存。

你在悲天悯人讥笑别人“你也有今天”，却永远不知道人家活得有多灿烂。

4.

听朋友讲过她奶奶和爷爷离婚的事。

爷爷家和邻居家关系很好，农村大院里一墙之隔，中间搭起了梯子，两家老人没事儿就爬梯子翻墙聚到一起打麻将。

一个月前，奶奶突然提出要跟爷爷离婚。

原因是，奶奶发现了一个秘密。不久前，爷爷趁隔壁家老爷子回了老家，经常半夜翻墙到邻居家，陪着隔壁老太太躺在藤椅上看月亮。

常人听到这个情节的第一反应，指定得破口大骂，这老不正经的！

这要是传到村子里，爷爷不得被戳脊梁骨啊。

奶奶没有声张，没找任何人商量，也没做任何声讨，悄悄离完婚后，召集了全家儿女，颤颤巍巍地拿出了离婚证，说自己要了钱，给爷爷留了房。

儿女们全都傻眼了，完全不知道老太太这一把年纪了是要闹哪出。

直到几天前，奶奶才说，爷爷一辈子都没爱过她，当初只是因为爷爷家成分不好娶了她，俩人磨合了60多年还是没磨合到一块去，就这么不冷不淡地搭伴了一辈子。

被奶奶抓了现行后，爷爷才哽咽透露，之所以退休后举家迁到胶东一带，就是因为这些年一直放不下隔壁老太太，他俩青梅竹马，但老太太的家人为了换口粮，硬生生将她嫁给了一个连面都没见过的人。

奶奶说，爷爷也没剩多少活头了，就想放他去陪陪自己想陪的人，这样就算死了也能闭上眼。

年轻时，我们谈恋爱，错了就修复，大不了大哭一场再重新选择；迈入婚姻，有了孩子，努力了很久却发现对方不是对的人，却再也不敢任性到拍拍屁股就走人。

所谓长情，不是装疯卖傻糊弄到死，而是在一起时的岁月里坦诚地交付了彼此。

一段半死不活的婚姻，你愿意死撑理当敬你是个英雄，你选择离婚也佩服你有重新起航的勇气。

5.

谁不渴望天下夫妻白头到老、不离不弃，可是柴米油盐磕磕碰碰的流年里偏偏藏着太多的人生如戏。

至于那些瞧不起“离过婚的人”，那些整天等着讥讽别人“你也有今天”的人，最好离他们远远的。

一旦这些人遇上离婚危机，要么装疯卖傻咬牙硬过，要么得不到就毁掉哪怕鱼死网破。

通常情况下，他们还得不死不休地拉上七大姑八大姨朝你泼一辈子脏水。

人和人之间的缘分很奇妙，你觉得他只是过客，他却偏要留下来伴你一生；你觉得他是单身终结者，他却莫名走掉说只能陪你走一程。

如果离婚不是为了更好的活，谁会愿意还没到站就半路下车？

分分合合说到底都是一个人的选择，每个人都有权利选择余生怎么过。

总是“不行就分”，难怪你一直找不到对的人

永远不要低估陪伴在你未来生活中的分量。

1.

iPhone7 Plus 发布的当晚，倩倩把手机的图片发给我，忧伤地说：“悲哀，摄像头都‘脱单’了，为啥我到现在还没遇到对的人。”

我纳闷，倩倩之前正经八百地领给她妈看过的准女婿不下六个了，前不久还兴奋地告诉我她终于遇到了真命天子，据说都要谈婚论嫁了，怎么又开始哀号单身之歌。

倩倩斩钉截铁地说：“那男的不行，我家这边的彩礼标准是六万加一辆车，他家条件不好，车我自己有，就不要了，就这他还是黏黏糊糊地说有些困难。这些钱又不是给我妈，还不是要存入我们俩的账户，作为过日子的启动资金，这都想不过来，办事太娘了。”

“就因为这个？”

“嗯，这个还不够吗？婚前就抠抠搜搜，婚后那还了得。”

“抠不抠要看平常啊，你不是说他各方面跟你都很合吗，多难得啊，都进入礼金阶段了，他家里条件不好，这个可以商量的啊。”

“不行，这是原则问题。人和人之间的缘分是有定数的。能行就行，不行就分。”

所有的“不行就分”，多数都是因为自己毫无主见的懒。

天底下哪来那么多刚刚好的天造地设。

那些总是简单粗暴懒得经营感情的人，谈一万个对象也不会长进半分。

2.

我这几天回了趟山东，路过烟台时在一个朋友家留宿一晚。

她拉着我的手，指着自己拼尽全力买下的房子，笑着说：“我想好了，我将在这栋房子里孤独终老。”

我问她：“你当真确定不需要一个照顾自己的人？”

她说：“只有一次，我觉得得有个人跟我一起生活。”

“一个月前，我来‘大姨妈’，疼得我蹲马桶蹲了1个小时，起来的时候天昏地暗啥也看不清，一头撞在了水管上，给我疼得，躺在满是水的洗手间地板砖上，那一刻不知道是起不来还是不想起，一点劲儿都没有，就那么躺在水窝子里，我就想，是不是我这样死在家里也不会有谁知道？”

永远不要低估陪伴在你未来生活中的分量。

3.

我听得心疼不已，问她：“后悔当初把大刘（她唯一谈过的男朋友）逼走了吧？”

她点头，一直点到眼睛里渗出泪。

她说：“我以前不想跟他就这么结婚，是因为觉得大刘太不成熟了，什么都是要我说了他才会去做，毕业后大家都为工作急得炸毛了，他却不紧不慢地想直接跟我结婚。两个人工作都不稳定，这婚结了有什么用？”

她让他去考报关员，考不上俩人就散。他就爱打游戏，不想看书，后来也没考上。求她也没用，她说自己说到做到。

他千里迢迢来找她，她避而不见，当时她对他特别失望，觉得他这辈子也不能懂什么是一个男人的上进心了。

三年前，他娶了别人，婚后还是忘不了她，还时不时给她打电话。

当时她在电话里听到他家座机在响，他慌乱地说他得收拾一下房间，不然晚上他老婆回来看见家里乱该生气了，问她能不能先挂了。

那一刻，她一下明白了什么是黯然失色。

她删除了他所有的联系方式，三年过去，她再也没有遇到比他更适合自己的人。

同学群里有人告诉她，他老婆怀孕了，他在一个外贸公司做到了国际业务部副总，早出晚归，西装革履。他还是个“炫妻狂魔”，总是说要努力让媳妇幸福更多。

她坐在沙发上抹眼泪，说，她当初选择无视他所有的好，以为等他变优秀了自然会再来找她，而别的女人选择了把他当个宝，先占下，不好的地方陪他慢慢调试好。

万事不怕念起，只怕觉迟。

绝大多数人都在自己并不知道真正想要的是什么时，选择了结婚。

你选择了什么，就要去承担什么，而不是整天幻想等着天上掉下来一个量身定做。

4.

吃不到一起可以煮个鸳鸯锅，玩不到一起可以背靠背切磋，一个喜静一个尚武，那就各让一步，讨论出一套彼此都能接受的家庭争端机制来中和。

感情里的不将就，不是为了给你的“不行就分”找借口，百年好合的老夫妻也不见得就是你眼中看到的那样毫无破绽。

很多时候，你对别人的不耐烦，会变成一种对自己的厌倦。

要时刻搞清楚你以为的干净利落，到底是个性，还是任性。

在学校，我们喜欢帅的，身高一米八三、有六块腹肌的；毕业后，我们喜欢工作稳定，有房有车的；中年以后，我们喜欢善解人意，心细顾家的。

你口中的所有非如此不可，说到底都是自个儿的选择。

没有谁就天生应该被爱得天经地义。

但凡白头到老的婚姻，哪个不是从“爱与不爱间，来回千万遍”过来的？

张口闭口就是“不行就分”，还不是因为你太懒，还不是因为你不愿意走出自己的舒适区去调试与经营。

行与不行，不是菜市场买菜不行就再转转。

光奔着捡现成的，活该你找不着对象啊。

你得有自己的主见去判断一个人是否在核心要素上跟自己八九不离十，剩下的小毛病你亲自操刀给他修修枝松松土不也挺有情趣的吗，即便你收拾了他一辈子，他到头来没长成你想要的参天大树也没啥大不了的。

人生就从来没有满分这回事。

谈了一场谈不动的爱情，像进入一个进退两难的瓶颈

直面瓶颈的精神孤独，一定会教会你更多事情。

1.

她从下午哭到落霞满天，日光渐暗，将人吞没，这已经不知道是第几个悔婚的人。

她坐在床单厂的一个书屋里，等待即将开始的读书会活动，但活动开始之前，她突然小心翼翼走到我面前，问我能不能听她说会儿话，就一小会儿。

她说自己今年三十三岁，恋爱两年，结婚一年，三十岁那年因为没顶住世俗的压力，从一众追求者中找了一个待自己最好的男人，强行“试试”，很多人都跟她说，男人待你好才最重要，感情都是可以培养出来的。

恋爱期间，她很快就发现了问题。每次约会，她就感觉自己像在上班打卡一样，一回到家就会长舒一口气；每次收到他的微信，她都默然看一眼，实在是懒得回；从第一次亲密接触开始，牵手的姿势让她感觉怎么样都不对。

大家都说，一把年纪了别矫情了，什么感觉对不对的，结了

婚就好了，她觉得也是。

婚后，她一到家就盼着上班，最高兴的就是长时间出差，两个人多久不联系她都无所谓，打电话超过三分钟就烦得像要爆炸。

平常柴米油盐、家长里短也能得到片刻欢愉，但一旦他做了任何逆了她意的事儿，她张口就是："离婚吧。"

后来男方主动提出离婚了，她欣然同意，如释重负，谈不上开心，也说不上难过。

前夫问她："什么感觉？"

她说："像一个出狱的囚犯。"

她问："你呢。"

前夫说："像谈了一场谈不动的爱情。"

有多少人，以为自己是在谈恋爱，其实只是在等一方对自己摊牌。有多少爱，原本想要靠时间来培养，可就是死活培养不出来。

最残忍的爱情，莫过于从相识就开始为结束倒计时，然后眼睁睁地看着这一切发生。

2.

刚毕业时，一个叫燕子的大姐是公司发行部的同事，刚好住在我寝室隔壁。

房间隔音很差，每天晚上躺床上看报的时候，我们都会听到她准点在电话里哄男朋友，好话说尽，语调谦卑，听不出半点小女人的撒娇与小脾气。

燕子那年刚好也是三十岁，据说跟男朋友谈了有五六年了吧，异地了几年，又同居了几年，后来又异地了。

我们每个人都知道燕子有一个心酸的秘密，就是交往后的每一年生日，她都会向男朋友求一次婚，但每次都被“再等等吧”搪塞过去。

她三十岁生日那天，一桌人都知道了燕子忍不住跟男朋友商量婚期结果被婉拒的消息。

在餐厅吃饭时，燕子刚好坐我们这一桌，有姑娘气哼哼地说：“燕子姐，就你这好脾气，这是你男朋友捡着了，他还不抓紧娶你，等啥啊，男人就不能惯着，你就跟他说，再不结婚，就分手！”

她愣了一下，手中的筷子在抖，说：“我不是好脾气，是我不敢任性，不敢胡来，我怕我说分手，就真的分手了。”

在座的人愕然。

哦，燕子遇到了一个“嫁不动”的男人。

你不爱自己，才会允许一个不爱你的人随意地在你的一生中走走停停。

你为他学会了八大菜系，他可能调头就娶了一个只会泡面的姑娘为妻；你馒头咸菜对付了一个星期，而你送他的礼物被他晾了三个礼拜没拆；你生病的时候，他觉得你很麻烦；你一提婚礼，他摆摆手说好烦。

你赶紧对旁人解释，他真的不是不爱我啊，他就这样，他只是不善言辞，**可他真的不是不善言辞啊，他只是懒得跟你费力气。**

只要你没遇到一个真正对的人，无论你在对方身上干耗多少年，结果只能是结束。

3.

在“剩男剩女”越来越多的时代，在吃个饭就会听到有人告诉你该结婚了的时代，越来越多的人，正谈着一场“谈不动”的爱情。

我们生命中永远不缺一个“恰好可以谈的人”，毕竟你坚持等一个对的人都等烦了这个人也没来，毕竟你认为天造地设的那个人一直对你不理不睬，毕竟你同学的儿子都三岁了而你还孑然一身，于是你索性收起可笑的心动标准，隐匿了自己的真实想法，两眼一闭开始了恋爱。

七大姑八大姨说：“二狗子，你这对象找得不错啊。”你于是顺势放下心里多年以来的放不下，也暗暗附和“我对象真心不错啊”。

于是你飞天遁地越演越卖力，而活在你这出戏的人却罹受着“梦里不知身是客”的悲剧。

最好的演技，就是生生把演出来的自己当成了真实的自己。

电视剧《西游记》里，女儿国国王痴痴地望着唐僧，说了这样一段话：

“你说四大皆空，却紧闭双眼，要是你睁开眼睛看看我，我不相信你两眼空空。不敢睁眼看我，还说什么四大皆空呢？”

唐僧只回了一句“阿弥陀佛”。

面对女儿国国王痴痴地挽留，唐僧临走前说了一句“若有来生”。

短短几个字，看似答非所问，却咽下了几度无奈，几度心酸。

不排除感情有可以培养的可能，但没有人在爱与不爱的问题上能比你自己更清醒。

你隐瞒不了自己不爱一个人，同样你也隐瞒不了自己爱一个人。

4.

两年前，开车回家，一个设计师顺路搭乘我的车，他坐在副驾驶上问我：“轨姐，终身大事有着落了没？”

我换了远光，咬牙切齿地说：“如果三十岁的时候还没遇到我想要的人，我就找个差不多的人把婚结了。”

他哈哈大笑，说了一句让我此生难忘的话：“你可想好了啊，人要是饿了，吃垃圾也能吃饱，但是，轨姐，你想吃垃圾吗？”

后来，我每当听到有人好心催婚，每当感觉自己顶不住岁月不等人，每当绝望可能一辈子也遇不上一个对的人了，我就暗暗问自己：“嗨，姑娘，你想吃垃圾吗？”

爱上一个对自己没有感觉的人，就像是迷恋上了一剂毒药；将就一场没有感觉的爱，就像是亲手把自己囚禁到一座孤岛。

你无法左右别人的意志，但你却掌控着让自己抽身而退的可能。

罗曼·罗兰说，唯一的英雄主义就是看透了生活的本质，却依然热爱生活。

而生活的本质，就是接纳不安，直面不堪。

谈了一场谈不动的爱情，就像是进入了一个让你进退两难的瓶颈。

但你要庆幸的是，直面瓶颈的精神孤独，一定会教会你更多事情。

你能感受到敷衍，多半是早已走远

我若爱你如一，你在我便心安；我若心已走远，你我只剩当年。

1.

一个老读者沮丧地跟我说：“轨姐，你说分手这种事儿为啥预感会这么准。”

“女朋友之前看到一根奇特的电线杆都拍照发给我看，但是前段时间，除了手机坏了、电脑出问题了才来找我，平常冷静的像是一座休眠的火山，电话接起来也是我问一句她答一句，我问她是不是有什么心事，她就极不耐烦地说我想多了。”

“直到昨天，她终于演不下去了，提了分手，就说要结婚了，其他都懒得跟我解释。”

他苦笑着问我：“是不是男人也有第六感啊？”

其实，没有人比你更明白，**分手从来都不是什么朝夕之间的事儿。**

两个人在一起时间久了，对方有任何风吹草动，你的感觉永远是准确的。

你打她电话，她闪烁其词地说忙，你告诉自己要体贴，结果她只是跌倒在别人的温柔乡里；你说将来我们一起养一只狗和一只乌龟吧，他好半天才甩给你一个字“好”，其实那一刻你就知道他完全没听见你在说什么。

上帝给你关上一道门的时候，并没有残忍到把所有的通道都封死。

命中八尺难求一丈的事儿很多人都懂，但是很多人还是会做一种只要装疯卖傻就会天长地久的白日梦。

你自己不装傻，没人能骗得了你。

2.

我有个老同事，做文案的，1986年出生的男人，读书写字，心思细腻。不久前约我去万达吃DQ，问完要不要加红豆和奥利奥后，就不再说话。

过了一会儿他拧着眉头说：“我还以为我快要结婚了呢。”

我一愣，问他：“分手了？”

他苦笑，说：“快了。”

我一惊：“何以见得？”

他说：“最近几次她跟我在一起的时候，一直都在低着头玩手机，不再饶有兴致地捧着下巴看我说话了。”

一周之后，我在万达做活动又一次遇上他，他一脸平静地说：“还挺准的，真分了，她提分手后我装酷冷静了两天，然后疯狂地给她打电话，连续打了十个，她都没接，第十一个的时候，她接了，我问她怎么不接电话啊，你猜她说啥？”

没等我猜，他就一脸尴尬地说：“她说没听见啊。多烂的借口啊，敷衍我也不用点儿心。”

这时，我想起一个朋友给我讲过的小故事。

全家团聚，晚饭后儿女们守着电视各玩各的手机。过了一会儿，小儿子看着老父亲调侃道，“爸，你怎么不玩手机啊。”

老父亲看了一眼身边的老伴，一脸得意地说：“我不用玩，我爱的人就在我身边啊。”

听完这话，儿女们都若有所思。

我若爱你如一，你在我便心安；我若心已走远，你我只剩当年。

3.

听一个姐妹讲过一段刚萌芽就夭折了的感情。

她在学尤克里里的时候，认识了一个刚刚失恋的男人，两个人只是一起喝了一杯豆浆吃了两根油条，她回到家就在微信群里宣布自己找到了对的人，摆出一副“惊鸿只一瞥，爱到死方休”的架势。

那段日子里，她做得最多的事情，就是揣测。

在起初的一个多月里，男的对她很热情。她出差，那男的会去火车站接她；一到周末，男的会约她去小吃城闲逛；半夜一点，两个人穿过四下无人的街一起吃了圣代；白浪河边，他们嬉笑着踏着河岸的青苔漫步。

种种迹象表明，他们疑似在交往，但是男的从头到尾都没对她说过喜欢。

微信群里有姑娘说："我觉得他可能也就是用你过渡一下空窗期。"

她一听不高兴了，赶紧解释说："不是的，他冷淡是有原因的，他是天蝎座。"

我叹了口气说："不然你主动往前走一步看看。"

第二天，她主动跑到男的家楼下送了板栗和夏威夷果。回来之后，就再也没有收到男人发的信息。她心神不宁地问他："怎么了？"男人过了半天回了一句话："没什么，就是莫名其妙地心情不好。"

第三天、第四天……一直到了第十天，她都在小心翼翼中煎熬，她明显感受到了对方态度的转变，但又不舍得戳穿，整个人开始神不守舍、疑神疑鬼，"兴许是最近他家里碰上什么事儿了，兴许他就是一个不喜欢主动的人呢……"

直到这男的在朋友圈晒出了两只十指相扣的手，她才明白了这段时间里，他所有的敷衍与疏远，都只是因为他做出了选择别人的决定。

你必须要清醒地明白一个真相：**一个人对你突然冷淡，与血型**

无关，与星座无关，与爱犬去世无关，与事业不顺无关，与内分泌失调也无关。

一个人的真喜欢，不会被这些与爱无关的借口冲淡。

4.

他心里没有你了，你华丽丽地故意出现在他身边一点用没有；他若已有二心，你发的那些“干吗呢”就相当于是一串垃圾短信；他若心生退意，你熬得再晚人家也不会去找你。

一段亲密关系中，但凡真心付出，必然情谊相通。

你觉得对方最近不对头，那就是真的不对头了。

如果察觉到问题，不去直面，而是他演你就跟着演，他编你就跟着编，那只能逼得两个本来清清爽爽的人，把关系搞得很僵，把感情搞成一笔烂账。

你我皆凡人，只要爱了，没有几个人真能做到，不乱于心，不困于情。

但是，**爱有散场，人有落单。**

见过很多离别，声嘶力竭地痛斥对方为什么不早说；看过很多人犯傻，千方百计地卑微到最后只能落个鱼死网破；听过很多人在纠结，然后用一个假象哄骗了自己一辈子。

成全别人，其实没有某些文章里说得那么伟大，但是，只有放过一个不可能的人，才能给自己更多的可能。

真心喜欢一个人，就会始终放不下。什么太忙忘了，什么不注重节日，什么不喜欢看手机，这些都是实话，但你也别假装看不懂潜台词——他没那么在意你。

你能感受到敷衍，多半都是因为对方早已走远。

如果不能与他一生相扶，你至少能给自己一场得体的退出。